Wissenschaftliche Beiträge
aus dem Tectum Verlag

Reihe: Politikwissenschaften

Wissenschaftliche Beiträge
aus dem Tectum Verlag

Reihe: Politikwissenschaften
Band 71

Philip Weissermel

Terrorismus als Kommunikationsstrategie

Ein Vergleich der Roten Armee Fraktion und des Islamischen Staates

Tectum Verlag

Philip Weissermel
Terrorismus als Kommunikationsstrategie.
Ein Vergleich der Roten Armee Fraktion und des Islamischen Staates

Wissenschaftliche Beiträge aus dem Tectum Verlag
Reihe: Politikwissenschaften; Bd. 71

ISBN: 978-3-8288-3916-8
ISSN: 1869-7186
Umschlagabbildung: shutterstock.com © arda savasciogullari

Satz, Layout, Umschlaggestaltung: Mareike Gill | Tectum Verlag

Druck und Bindung: CPI buchbücher.de, Birkach
Printed in Germany

Besuchen Sie uns im Internet
www.tectum-verlag.de

Bibliografische Informationen der Deutschen Nationalbibliothek
Die Deutsche Nationalbibliothek verzeichnet diese Publikation in der Deutschen Nationalbibliografie; detaillierte bibliografische Angaben sind im Internet über http://dnb.ddb.de abrufbar.

Danksagung

Mein besonderer Dank gilt meiner Familie, insbesondere meinen Eltern und meiner Oma, die mir mein Studium ermöglicht und mich in all meinen Entscheidungen unterstützt haben.

Herzlich bedanken möchte ich mich auch bei meinen Freunden, welche mich immer wieder ermutigt und mit vielen nützlichen Anregungen einen wesentlichen Teil zu diesem Buch beigetragen haben.

Abkürzungsverzeichnis

BRD	Bundesrepublik Deutschland
BKA	Bundeskriminalamt
BND	Bundesnachrichtendienst
DDR	Deutsche Demokratische Republik
ETA	Euskadi ta Askatasuna (Freiheit für die baskische Heimat)
IRA	Irish Republican Army (Irisch-Republikanische Armee)
IS	Daesh (Islamischer Staat)
PKK	Partiya Karkerên Kurdistanê (Kurdische Arbeiterpartei)
PLO	Palestine Liberation Organization (Palästinensische Befreiungsorganisation)
RAF	Rote Armee Fraktion (Baader-Meinhof-Gruppe)
RB	Rote Brigaden (Italien)
USA	United States of America

Inhalt

1 Einleitung

Längst ist *Terrorismus* ein Modewort geworden, zugleich aber auch ein Kampfbegriff. Die Aufmerksamkeit gegenüber dem Phänomen des Terrorismus hat sich durch die Anschläge vom 11. September 2001 in den USA zwar verstärkt, aber nicht erweitert, sondern eher auf eine bestimmte Spielart und das damit verbundene Bedrohungspotential beschränkt. Unmittelbar nach dem Ereignis sicherten nahezu alle Staaten der US-Regierung ihre Unterstützung im *war against terrorism* zu. In der Welle der Solidaritätsbekundungen ging jedoch unter, dass keine Einigkeit darüber herrschte, was unter dem Begriff genau zu verstehen sei. Schon in den USA gab es verschiedene Sichtweisen: So erkannte ein Bericht des Außenministeriums an, dass es momentan keine weltweit akzeptierte Definition des Terrorismusbegriffs gebe (vgl. Elter, 2008 12) Nahezu jeder Staat, jede Organisation und viele Wissenschaftler[1] haben ein je eigenes Verständnis von Terrorismus.

Sowohl in den Medien, als auch in den politischen Debatten zeigt sich immer wieder, dass Terroristen als „Wahnsinnige", von blindem Hass zerfressen und rationalen Argumenten nicht zugänglich beschrieben werden (vgl. Peters, 2015,2). Diese Perspektive übersieht jedoch, dass Terrorismus eine zielgerichtete Strategie ist, die rational gut zu beschreiben und inhaltlich nachvollziehbar ist – genauer gesagt, eine Kommunikationsstrategie, die ebenso wie Werbung versucht, bestimmte Zielgruppen durch ihre Botschaften zu Verhaltensänderungen zu bewegen.

Zum Verständnis der terroristischen Vorgehensweise soll die vorliegende Arbeit insofern beitragen, als sie Terrorismus als eine Kommunikationsstrategie begreift. Denn terroristische Taten werden nicht ohne Grund begangen. Terroristen wollen durch ihre Taten Botschaf-

1 Aus Gründen der besseren Lesbarkeit wird in dieser Arbeit die Sprachform des generischen Maskulinums angewendet. Es wird an dieser Stelle darauf hingewiesen, dass die ausschließliche Verwendung der männlichen Form geschlechtsunabhängig verstanden werden soll.

ten übermitteln, sie wollen aufrütteln und ebenso auch einschüchtern. Festzustellen ist dabei, dass *Terrorismus die Öffentlichkeit sucht. Kommunikation ist daher unerlässlicher Bestandteil jeder terroristischen Gewalttat: „Der Terrorist bewirkt für sich allein nichts, die Publizität hingegen alles" (Beyer, 2008, 6).*

Ausgehend von dieser Annahme ergibt sich folgende Forschungsfrage:

> *Können die Kommunikationsstrategien terroristischer Organisationen unabhängig von der Ideologie betrachtet werden? Oder anders ausgedrückt: Kann Terrorismus unabhängig von der Ideologie, Zeit und räumlichen Ausprägung als reine Kommunikationsstrategie begriffen werden?*

Betrachten wir terroristische Gewalttaten als Kommunikation nach außen, unter der Annahme, dass Botschaften an den Staat, die Gesellschaft sowie an Sympathisanten gesendet werden, so stellt sich die Frage, wie sich diese Kommunikation unabhängig von Ideologie, Zeit, Größe und räumlicher Ausprägung der Gruppe äußert.

Daraus ergeben sich einige Folgefragen: Wie agieren Terroristen auf der Bühne der Öffentlichkeit? Welche Kommunikationsstrategien verfolgen sie? Wie haben sich diese Strategien im Lauf der Zeit verändert? Haben sie sich lediglich weiterentwickelt, oder gibt es Innovationen? Ab wann muss von einer terroristischen Kommunikationsstrategie gesprochen werden?

Es sei jedoch angemerkt, dass die jeweilige Ideologie einer terroristischen Organisation bei der Identifikation, Rechtfertigung von Gewaltakten sowie dem Transportieren inhaltlicher Botschaften zwar einen großen Stellenwert einnimmt. Übergeordnete Kommunikationsbotschaften sind andererseits jedoch unabhängig von der jeweiligen Ideologie die Verbreitung von Angst, die Provokation des Feindes und die Erzeugung und Rekrutierung von Sympathisanten. Diese Arbeit soll vor allem aufzeigen, dass Terrorismus nicht als willkürliche Handlung gedeutet werden sollte, sondern vielmehr als eine bewusste und indizierte Art der Kommunikation. Adressaten sind dabei sowohl Staat, Gesellschaft als auch mögliche Sympathisanten. Die Arbeit soll somit dazu beitragen, Terrorismus unabhängig von der Ideologie als Kommunikationsstrategie zu verstehen.

Trotz einer wachsenden Anzahl von Publikationen zum Thema „Terrorismus“ gibt es bislang kaum ein Werk, das sich sowohl aus historischer als auch aus medien- und kommunikationswissenschaftlicher Perspektive mit Kommunikationsstrategien von Terrororganisationen auseinandergesetzt hat. Diese Arbeit begibt sich daher auf die Suche nach möglichen Antworten, ohne dabei den Anspruch zu erheben, sie endgültig gefunden zu haben.

Zur Beantwortung der aufgezeigten Forschungsfrage, wird die Arbeit die Kommunikationsstrategien der Roten Armee Fraktion (RAF) und des sogenannten „Islamischen Staates“ („IS“[2]) vergleichen. Die genannten terroristischen Organisationen wurden ausgewählt wegen der sowohl räumlichen, ideologischen und zeitlichen Unterschiede zwischen beiden Gruppen. Sollte hier eine hohe Übereinstimmung in den Kommunikationsstrategien erkennbar sein, dann ließe sich Terrorismus womöglich als Kommunikationsstrategie ganzheitlich begreifen. Die am Ende des Kapitels 4 erarbeiteten Charakteristika terroristischer Kommunikationsstrategien dienen für die anschließende Analyse der Kommunikationsstrategien von RAF und „IS“.

Die RAF war im Zeitraum von 1970 bis 1998 in der Bundesrepublik Deutschland aktiv. Über die Jahre wurde sie eine terroristische Organisation für den Aufbau einer revolutionären Gegenmacht, um ein ‚menschenwürdiges selbstbestimmtes Leben entgegen der großdeutschen und westeuropäischen Pläne zur Unterwerfung und Ausbeutung‘ (Rote Armee Fraktion Kommando Ulrich Wessel) zu führen. Ziel der RAF war es, die Gesellschaft durch das Einsetzen von Gewalt zu einer Revolution zu bewegen.

Hingegen kann das Ziel der Terrororganisation „Islamischer Staat“ in dem Errichten eines sunnitischen Kalifats mit alleiniger Herrschaft

2 In dieser Arbeit wird der Name der Terrororganisation „Islamischer Staat“ ausschließlich in Anführungszeichen gesetzt. Gründe hierfür liegen in der irreführenden Eigenbezeichnung des „IS“, welcher sich als Staat mit Islamischen Grundsätzen definiert. Der Name suggeriert, der „IS“ habe etwas mit einer gemäßigten Auslegung des Islam zu tun, wie sie von den meisten Muslimen vertreten werden. Um klar zu machen, dass es sich um eine Selbstbezeichnung handelt wird diese Arbeit den „Islamischen Staat“ ausschließlich in Anführungszeichen aufführen.

im arabischen Raum und dem Anspruch, das Herrschaftsgebiet auf die gesamte Welt auszudehnen, beschrieben werden. Beim „IS" handelt es sich um eine im Jahr 1999 gegründete Terrororganisation, die aus dem irakischen Ableger des Terrornetzwerks Al-Qaida hervorgegangen ist. Anders als die RAF ist der „IS" als globale terroristische Organisation zu betrachten. Unter globalem Terrorismus wird im Allgemeinen Terrorismus verstanden, der Landesgrenzen ignoriert und international agiert. Als großer Vorteil von global operierenden Terrororganisationen erweisen sich die dezentralen Strukturen.

Generell unterscheiden sich somit beide Akteure grundlegend in den ideologischen, zeitlichen und räumlichen Gegebenheiten. Während die Aktionen der RAF sozialrevolutionär motiviert waren, ist beim „IS" eine religiöse Ideologie die Grundlage.

Der deutsche Jurist, Soziologe und Gewalt- und Terrorismusexperte Peter Waldmann beschrieb als einer der ersten Wissenschaftler Terrorismus als Kommunikationsstrategie. Er deutet terroristische Taten *primär* als Kommunikationsstrategie:

> *„Dem Terroristen geht es weniger um den eigentlichen Zerstörungseffekt seiner Aktionen. Diese sind nur ein Mittel, eine Art Signal, um einer Vielzahl von Menschen etwas mitzuteilen. Terrorismus, das gilt festzuhalten, ist primär eine Kommunikationsstrategie." (Waldmann, 2011, 17.)*

Dabei ist die terroristische Tat an sich schon eine Form der Kommunikation und also der erste Schritt der genannten Strategie. Waldmann rückt in seiner Definition die Dominanz des indirekten kommunikativen Einsatzes von Gewalt über deren direkten instrumentellen ins Blickfeld, indem er explizit zwei kommunikative Ziele differenziert: die Verbreitung von Furcht und Schrecken auf der einen und die Werbung von Sympathisanten auf der anderen Seite. Hier spielen die Massenmedien eine entscheidende Rolle. Sie dienen den Terroristen zunächst einmal als Kanäle für die Kommunikation ihrer Schreckensbotschaft und verschaffen ihnen so die Aufmerksamkeit, die ihnen als Beweis der eigenen Stärke gilt. Terroristische Taten bezwecken eine Verunsicherung in der Bevölkerung, gleichermaßen fordern sie aber auch den angegriffenen Staat zu einer Reaktion heraus (vgl. Waldmann, 2006, 12). Auf Waldmann gestützt und seine Überlegungen zuspitzend, ist davon auszugehen, dass die Frage nach der Wahrnehmung der Zustände in der Gesellschaft durch die potentiellen Gewalttäter auf der einen sowie die Wahrnehmung und Interpretation der terroristischen Gewaltakte durch die staatlichen Institutionen und die gesellschaftlichen Gruppierungen auf der anderen Seite das Agieren und Reagieren im Bereich des Terrorismus maßgeblich bestimmt haben. Als einen weiteren Akteur sind ebenfalls die Massenmedien zu nennen.

Die Untersuchung der kommunikativen Aspekte des Terrorismus ist dabei darauf ausgerichtet, das Spezifikum der terroristischen Gewaltakte, welches nach Waldmanns Definition in ihren kommunikativen Aspekten besteht, schärfer herauszuarbeiten und analytisch nutzbar zu machen.

Der Ansatz, Terrorismus als Kommunikationsstrategie zu verstehen, sollte dabei nicht da Halt machen, wo es gilt, die Botschaft der einzelnen terroristischen Akte zu entschlüsseln und nach den genauen Motiven der Täter zu fragen. Sicherlich finden sich eine Vielzahl an ideologischen, zeitlichen und räumlichen Unterschieden zwischen den hier aufgeführten Beispielen, dennoch verbindet beide die Nutzung von Terrorismus als Kommunikation.

Eine mögliche Hypothese lautet daher, dass die Untersuchung der Fallbeispiele (RAF und „IS“) aufzeigen wird, dass trotz der genannten Unterschiede eine Vielzahl an gemeinsamen Strategien zu erkennen ist. Ebenso wie die RAF bedient sich der „IS“ demnach der Propaganda der Tat[3] sowie der verfügbaren Kommunikationstechnologien. Auch wenn die Islamisten des „IS“ dabei vor allem auf äußerst rücksichtslosen Handlungsterrorismus setzen, der sich gezielt gegen Unbeteiligte richtet, bedeutet dies nicht, dass die Täter dabei nicht ähnliche Kommunikationsstrategien verwenden wie vor 40 Jahren die RAF.

Beginnen wird die Arbeit mit dem Aufzeigen des methodischen Analyserahmens. Anschließend wird die Definition von Terrorismus problematisiert. Hierbei werden sowohl in der Geschichte ältere

3 Historisch betrachtet geht diese Strategie auf den Sozialrevolutionär Michail Alexandrowitsch Bakunin (1814–1876) und dessen Schüler Sergej Gennadjevich Netschajew (1847–1882) zurück, die zuerst den Kampfbegriff „Propaganda der Tat“ prägten (Glaab, 2012 88).

Ansätze sowie neuere Ansätze der Begriffsbestimmung des dynamischen Phänomens *Terrorismus* skizziert. Wichtig für diese Arbeit ist eine klare Begriffsabgrenzung zu anderen Gewaltformen wie Freiheitskampf, Krieg, Guerilla, Staatsterror. Im weiteren Verlauf werden verschiedene Terrorismustheorien sowie deren Formen näher beleuchtet. Bei letzterem wird sowohl der sozialrevolutionäre Terrorismus als auch der religiöse Terrorismus im Fokus stehen, um die nachfolgenden aufgeführten Beispiele (RAF und „IS") aus ideologischer Sicht unterscheiden und bewerten zu können. Nachdem in den Kapiteln 3 und 4 allgemeine Terrorismusdefinitionen und Ausprägungen untersucht werden, werden die folgenden Kapitel Terrorismus unter dem Gesichtspunkt der Kommunikationsstrategie betrachten. Hierbei werden sowohl die Basiselemente von terroristischen Kommunikationsstrategien untersucht, als auch auf das terroristische Kalkül bezogen. Für die analytische Untersuchung werden in Kapitel 4 Kategorien entwickelt, um terroristische Organisationen in Bezug auf ihre Kommunikationsstrategien zu untersuchen.

Eine tragende Rolle bei der Kommunikation von terroristischen Taten haben die Medien. Nachdem die Symbiose zwischen Terrorismus und Medien im Kapitel 5 erläutert wurde, werden die Fallbeispiele RAF und „IS" auf ihre Kommunikationsstrategien untersucht. Ersterer Punkt scheint besonders im Zeitalter des Internets eine besondere Rolle einzunehmen. Aber schon in Zeiten der Print- und Fernsehmedien hatten diese Medien eine wichtige Rolle in der Kommunikation terroristischer Taten. Es wird zu untersuchen sein, inwieweit Medien diesen Prozess lenken bzw. beeinflussen konnten und können und ebenso der Umgang terroristischer Gruppen mit den Medien. Ein weiterer wichtiger Punkt betrifft Veränderungen in der Berichterstattung in den Medien. Kapitel 5 erörtert die Frage, inwieweit die Medienberichterstattung sich in den letzten Jahren, insbesondere seit der Etablierung des Internets, verändert hat und wie sich diese Veränderung auf die Kommunikationsstrategien von terroristischen Organisationen ausgewirkt hat. Abschließend wird diese Arbeit die Kommunikationsstrategien von RAF und „IS" vergleichen. Dieser soll zeigen, dass auf Basis der in Kapitel 4 erstellten Kategorien eine klare terroristisch-strategische Kommunikation bei beiden Gruppierungen erkennbar ist.

2 Methodischer Analyserahmen

Diese Arbeit beschäftigt sich mit dem Phänomen *Terrorismus* unter dem Aspekt der Kommunikationsstrategie und analysiert diesbezüglich terroristische Taten. Zur Verdeutlichung werden die Terrororganisationen RAF und „IS" miteinander verglichen. Trotz der auf den ersten Blick deutlichen Unterschiede beider Gruppierungen besitzen ihre Kommunikationsstrategien viele Übereinstimmungen. Die Herausarbeitung dieser Gemeinsamkeiten, unabhängig von Ideologie, Zeit und Raum, soll verdeutlichen, dass terroristische Taten auch als Kommunikationsstrategie verstanden werden müssen. Die Fallauswahl von RAF und „IS" ergibt sich wegen der hohen Aufmerksamkeit, welche beide Gruppen zu ihrer jeweiligen Zeit erzeugten. Kaum eine andere terroristische Gruppierung hat in der Bundesrepublik Deutschland so viel Aufmerksamkeit von den Medien, der Politik und der Gesellschaft erhalten wie die RAF in den siebziger Jahren. Das gilt weltweit ebenso für den „IS" seit 2012. Inwieweit die terroristische Kommunikationsstrategie der jeweiligen Organisationen dazu beigetragen hat, soll diese Arbeit klären helfen. Hierzu werden sowohl wissenschaftliche Studien und Arbeiten als auch Erkenntnisse von Polizei und Sicherheitsbehörden als Quelle ausgewertet.

Die Untersuchungsmethode besteht dabei in der Analyse zentraler Ereignisse. Diese werden nach kommunikativen Gesichtspunkten und der Art der kalkulierten Inszenierung ausgesucht und analysiert. Die Inszenierung eines terroristischen Anschlags mit dem Ziel der Erzeugung von Angst und Schrecken sowie der Provokation des Feindes und der Rekrutierung möglicher Mitglieder werden dabei als zentrale kommunikative Botschaften gedeutet. Die aufgeführten Beispiele werden unter anderem anhand dieser Kategorien untersucht. Dieses Vergleichsmuster soll dazu beitragen, terroristische Organisationen, die in ihren Zielen und ihren historischen Bedingungen sich grundsätzlich voneinander unterscheiden, vergleichbar gemacht werden.

Wegen der Masse der möglichen Beispiele werden lediglich die prägnantesten der jeweiligen terroristischen Organisation untersucht, also solche, die viel mediale Aufmerksamkeit erhalten haben. Dies bedeutet jedoch nicht, dass kleinere oder weniger „spektakuläre" Terrorakte nicht als Kommunikationsstrategie gesehen werden dürfen.

Die aufgezeigten Beispiele sollen ein deutliches Bild des terroristischen Kalküls ergeben. Hierbei spielen die Terrorakte an sich, aber auch deren Nachbereitung durch die Medien tragende Rollen. Massenmedien wie Fernsehen, Radio, Zeitungen und auch das Internet können daher als „Vermittler" oder „Transporteure" von terroristischen Botschaften begriffen werden.

Diese Arbeit wird kommunikationswissenschaftliche, politikwissenschaftliche und medienwissenschaftliche Aspekte diskutieren.

Die methodischen Herausforderungen, denen jeder begegnet, der sich wissenschaftlich mit Terrorgruppen wie der RAF und dem „IS" beschäftigt, sind vielfältig. Prinzipiell gibt es mindestens zwei Möglichkeiten, sich dem Thema zu nähern: entweder durch die Untersuchung von Aussagen und Taten der Terroristen oder aber durch die Literatur und die Berichterstattung über sie. Da Kommunikation jedoch keine Einbahnstraße ist, werden in dieser Arbeit beide Herangehensweisen miteinander verknüpft. Grundsätzlich bieten Analysen des Terrorismus immer Spielraum für Interpretationen, es dürfen daher keine endgültigen Wahrheiten erwartet werden. Besonders die Kommunikationsstrategie des „IS", welche entscheidend mit Hilfe des Internets verbreitet wird, erschwert die Überprüfung der Echtheit von Videos, Beiträgen und Websites. Ebenso sind sozialtheoretisch informierte Analysen zu diesem Themenkomplex eher die Ausnahme. Die aufgezeigten Herausforderungen bei der Bearbeitung dieses Themas liegen somit in der Aktualität der Informationen, als auch in deren Überprüfung. Dennoch finden sich viele fundierte Beispiele, um zu belegen, dass sowohl die RAF in ihrer aktiven Zeit als auch der „Islamische Staat" die kommunikative Dimension des Terrorismus gezielt genutzt haben bzw. nutzen.

Auf die Frage nach der Notwendigkeit, dieses Thema zu untersuchen, findet sich im Hinblick der heutigen Situation durch den „IS", aber auch mit den Erkenntnissen aus der Zeit des Terrors durch die RAF, eine große Aktualität. Die politikwissenschaftliche Relevanz dieser Untersuchung ist vor allem im Kontext der großen Forschungslücken zum Thema Terrorismus als Kommunikationsstrategie zu finden. Trotz wichtiger Erkenntnisse in der sozial- und kulturgeschichtlichen Terrorismusforschung der letzten Jahre existieren weiterhin viele Forschungslücken. Wenngleich es nach wie vor schwierig ist, Terrorismus so zu definieren, dass der Begriff analytisch problemlos verwendbar ist, gewinnt es derzeit immer mehr an Plausibilität, Terrorismus als Form der Gewalt zu deuten, die über die Zerstörung- bzw. Tötungsabsicht hinaus Botschaften aussenden und eine möglichst große Aufmerksamkeit erreichen will. Dieser Zusammenhang wird in der Literatur, insbesondere zum Linksterrorismus der 1960er/70er Jahre wie auch zum religiösen Terrorismus der 2000er Jahre, seit einiger Zeit zwar zunehmend erkannt, ist aber erst in Ansätzen untersucht worden. Insbesondere die Bedeutung der Medien ist nur lückenhaft erforscht. Zwar wird die Bedeutung der Medien mit ihrer Macht, Bilder und Interpretationen terroristischer Anschläge zu liefern und zu erzeugen, in einer Reihe von Autoren betont und genauer herausgearbeitet. Doch die Komplexität der Kommunikationsstrategien terroristischer Organisationen wird zumeist wenig beleuchtet.

Generell kann daher gesagt werden, dass die Forschung wie auch die Informationslage als durchaus lückenhaft zu beschreiben ist. Es gibt nur wenige methodisch fundierte Arbeiten zum kommunikativen Wechselspiel zwischen terroristischen Organisationen und Medien bzw. zur Mediennutzung oder zur Kommunikationsstrategie terroristischer Organisationen. Das Analysematerial für diese Arbeit besteht deshalb vor allem aus Bekennerschreiben, Aussteigerinterviews, Video-Botschaften, Flugblättern, Zeitschriften, Berichten von Sicherheitsorganen und aus wissenschaftlichen Arbeiten.

Das nachfolgende Kapitel beschäftigt sich mit der Suche nach einer Arbeitsdefinition des dynamischen Phänomens *Terrorismus*. Hierzu wird zunächst der aktuelle Forschungsstand referiert und das Phänomen von anderen Gewaltformen abgegrenzt. Es werden verschiedene Terrorismus-Definitionen vorgestellt und aufeinander bezogen.

3 Terrorismus – Versuche, ein dynamisches Phänomen zu definieren

In der Wissenschaft ist der Begriff des „Terrorismus“ umstritten. Zudem existieren über wenige Phänomene im Bereich der Politik so wenig gesicherte Erkenntnisse wie über dieses. Das liegt nicht allein an der Vielgestaltigkeit des Terrorismus und seiner Wandelbarkeit. Auch die „Struktur der Forschung“ trägt dazu bei, dass über Begriffe und Erklärungen des Terrorismus kein Einverständnis hergestellt werden kann. Denn wie kein ein anderer Zweig der Sozialwissenschaften steht die Terrorismusforschung im Zentrum politischer und ethischer Kontroversen, die eine gemeinschaftliche Forschung behindern (vgl. Carr, 2003, 12).

Fünfzehn Jahre nach dem 11. September 2001 und ungefähr 50 Jahre nach Beginn der Terrorismusforschung gibt es noch immer keine einheitliche und konsensfähige Definition von Terrorismus. Die Gründe hierfür sind vielfältig. Eine intensive Auseinandersetzung mit dem Phänomen des Terrorismus begann vor allem in Deutschland erst in den 1970er-Jahren in der Auseinandersetzung mit der damals sehr aktiven Roten Armee Fraktion. Ursprünglich war die Forschungsgemeinschaft nicht sehr groß und wenig prominent. Das änderte sich schlagartig nach dem 11. September 2001. Heute ist der Begriff *Terrorismus* so sehr in aller Munde, dass er als inflationär verwendeter Begriff bezeichnet werden kann (vgl. Bechmann, 2012, 9).

Diese Doppelung – grassierende Verwendung eines Begriffes, der andererseits unendliche definitorische Diskussionen auslöst – führte dazu, dass der eigentliche Begriff seine ursprüngliche Bedeutung verloren hat. Denn mittlerweile werden Währungsspekulationen als „Wirtschaftsterrorismus“ bezeichnet und familiäre Gewalt als „häuslicher Terrorismus“. Sogar mehrmaliges Angerufen gilt umgangssprachlich schnell als „Telefonterror“ (vgl. Richardson 2007, S. 27 f.).

„Politik ist stets ein Machtkampf", schrieb der Soziologe C. Wright Mills. Und: „Die höchste Form der Macht ist Gewalt." Laut Mills ist Terrorismus dort zu finden, wo legitimierte Macht auf politisch nicht-legitime Gewalt trifft. Jeglicher Terrorismus enthält das Streben nach Macht, nämlich Macht zu dominieren und zu erzwingen, einzuschüchtern und zu kontrollieren, um schließlich einen fundamentalen Wandel zu bewirken (vgl. Mills, 1959, 57). Terroristen wollen über die unmittelbaren Opfer oder Ziele ihres Angriffs hinaus weitreichende psychologische Effekte erzielen. Gewalt oder die Androhung von Gewalt ist daher eine unerlässliche Voraussetzung für Terroristen (vgl. Barth, 2011, 2). Trotz vieler Bemühungen konnte dennoch bisher noch nicht staatenübergreifend eine Definition für Terrorismus gefunden werden. Das US-Außenministerium definiert ihn unter anderem als „vorsätzliche politische Gewaltakte gegen Nicht-Kämpfer („non-combatant") durch nicht-staatliche Gruppen oder Geheimagenten" (Tuschl, 2005, 12). Akte politischer Gewalt gegen Nicht-Kombattanten durch militärische Einheiten fallen nach dieser Definition nicht unter den Terrorismusbegriff (vgl. Arslan, 2010, 24ff.).

Einen weiteren Versuch unternahm Peter Waldmann, der Terrorismus als planmäßig vorbereitete, schockierende Gewaltanschläge gegen eine politische Ordnung aus dem Untergrund definiert, die allgemeine Unsicherheit und Schrecken, daneben aber auch Sympathie und Unterstützungsbereitschaft erzeugen sollen (vgl. Waldmann, 2005, 12). Diese Akte richten sich also gegen soziale, demokratische Überzeugungen, gegen die Maxime des friedlichen Verhaltens, gegen die Rechtsstaatlichkeit und die staatliche Autorität (vgl. Waldmann, 1998, 15). Demgegenüber rückt der Terrorismusexperte Bruce Hoffman die bewusste Erzeugung von Angst durch Gewalt oder die Drohung von Gewalt zum Zweck der Erreichung politischer Veränderung in den Vordergrund (vgl. Hoffman 2002, 74ff.). In einem Punkt zeigen sich sämtliche Autoren einig: Terroristische Anschläge setzen sich über humanitäre Konventionen und viele moralische und rechtliche Restriktionen hinweg.

Die Frage der Ziele von Terroristen wird in der Literatur häufig damit beantwortet, dass ihre Gewalttaten darauf abzielen, Furcht und Schrecken zu verbreiten, die jeweils betroffene Bevölkerung zu verunsichern und das allgemeine Vertrauen in den Staat und seine Fähigkeit, die bestehende Ordnung zu schützen, auszuhöhlen. Dies verfehlt allerdings die Komplexität von terroristischen Botschaften. Denn als zahlenmäßig relativ kleine Gruppen sind terroristische Gruppen darauf angewiesen, durch ihre Taten auch Sympathien und Beistand zu erzeugen. Daher sind die Anschläge auch immer als eine Art der Rekrutierung zu verstehen.

Wie schwierig es ist, eine Definition für das Feld „Terrorismus" zu finden, zeigt eine aufwendige Detailarbeit von Alex Schmid und Albert Jongman. Bereits im Jahr 1988 versuchten sie, eine Definition zu erarbeiten. Sie analysierten 101 verschiedene Terrorismusdefinitionen und katalogisierten sie nach der Häufigkeit der begrifflichen Umschreibungen, die darin vorkamen. Eine Präzisierung für eine tragfähige Definition gelang jedoch auch damit nicht (vgl. Daase, 2001, 57). Dabei ließen sich zwar 22 definitorische Elemente finden, die Terrorismus charakterisieren, aber keines kam in allen Definitionen vor; die meisten Elemente wurden nicht mal in der Hälfte der Definitionen verwendet.

Diese Suche nach einer passenden Definition scheiterte, und nach Ansicht des Historikers und Terrorismusforschers Walter Laqueur ist es „weder möglich noch der Mühe wert", derartige Versuche zu unternehmen (Laqueur, in: Hoffman, 2002, S. 50). Was also macht es so schwer, den Terrorismusbegriff zu definieren? Zum Teil liegt die Antwort sicher in den „semantischen Verwirrspielen politischer Akteure", wie Herfried Münkler betont (Münkler, 2006, 12).

Im folgenden Abschnitt wird daher kurz erläutert, inwieweit Terrorismus von Staatsterrorismus, Guerilla- und Freiheitskämpfen aber auch von kriegerischen Auseinandersetzungen zu unterscheiden ist. Denn nicht zuletzt ist eine einheitliche Definition immer wieder daran gescheitert, dass einige Staaten den „legitimen Kampf für Selbstbestimmung" (Waldmann, 2008) nicht als terroristische Gewalt eingestuft sehen wollen.

3.1 Begriffsabgrenzung: Terrorist/Freiheitskämpfer/ Terror/Guerilla/Neue Kriege

Terrorismus vs. Staatsterrorismus

Die Abgrenzung zu anderen öffentlich wirksamen Gewaltformen ist hilfreich, um das Profil der Sonderform *Terrorismus* herauszuarbeiten. Demnach muss grundsätzlich zwischen *Terror* und *Terrorismus* unterschieden werden. Hierzu schreibt der Soziologe Kai Hirschmann, dass als *Terror* generell staatliche Schreckensherrschaft gegen Bürger oder bestimmte Bürgergruppen zu verstehen ist. Im Gegensatz dazu fallen gezielte Angriffe gegen die Machthabenden unter die Kategorie des *Terrorismus*. Somit wird zwischen „Terror von oben" und „Terror von unten" unterschieden (vgl. Hirschmann, 2009, 6). Auch in den Zielen ist Staatsterrorismus klar vom Terrorismus zu unterscheiden. Jener soll das System (wenn auch mit ungeeigneten Mitteln) stabilisieren, „Terroristen von unten" verfolgen hingegen das Ziel, das System zu destabilisieren. Die Mittel sind dabei meistens ähnlich, Unterschiede sind allerdings in der Anzahl der Opfer auszumachen. Regimeterror bzw. Staatsterrorismus fordert ungleich mehr Menschenleben als aufständischer Terrorismus. Beispiele hierfür sind sicherlich der nationalsozialistische Terror vor und während des Zweiten Weltkriegs; aber auch in der Sowjetunion unter Stalin oder der Chinesischen Kulturrevolution starben deutlich mehr Menschen als durch aufständischen Terrorismus. Staatsterror ist hierbei nicht nur ein Machtmittel von Diktaturen, sondern kann auch in formal demokratischen Systemen vorkommen. Ein Beispiel diesbezüglich wäre Kolumbien, wo regelmäßig mehr Menschen von staatlichen und parastaatlichen Sicherheitskräften umgebracht werden als von Aufständischen oder deren Organisationen (vgl. Waldmann, 2011, 21). Schließlich müssen terroristische Gruppen wegen ihrer zahlenmäßigen Unterlegenheit Sympathisanten und Bündnispartner gewinnen. Hingegen kann kein Staat im Zeichen einer bestimmten Ideologie – wie Hannah Arendt für totalitäre Staaten aufgezeigt hat – Terror zum Hauptgesetz seines Handels machen, ohne die Reaktionen der Bevölkerung zu ignorieren. (vgl. ebd.).

Terrorismus vs. Guerilla

Die Abgrenzung des *Terrorismus* von *Guerilla* ist nicht weniger wichtig als die vorige. Beiden Begriffen werden dieselben Taktiken subsumiert, z. B. Mordanschläge, Geiselnahmen, Bombenattentate, etc. Doch als Guerilla wird eine Art bewaffnete, militärische Einheit bezeichnet, die feindliche militärische Kräfte angreift und die Gebiete erobern will. Herfried Münkler arbeitet als primäres Merkmal einer Dichotomie die Wirkungsrelevanz der Aktionen heraus. Während Guerilleros eher die physischen Kräfte des Gegners schwächen wollen, zielen Terroristen auch auf die psychischen Kräfte des Gegners (vgl. Münkler, 2003, 24). Diese Dichotomie kulminiert in der berühmten Formel Franz Wördemanns, dass der Guerillero den Raum, der Terrorist hingegen das Denken besetzen will (vgl. Wördemann, 1977, 23). Zudem benötigt Partisanenkampf die sympathisierende und materielle Unterstützung der Bevölkerung, während der Terrorismus auch aus einer isolierten Zellenstruktur heraus operieren kann. Aus dieser Unterstützung der Bevölkerung lässt sich auch ein subjektiv wahrgenommener höherer Grad der Legitimität ableiten, weswegen sich Terroristen selbst gerne als Partisanen oder Guerilleros bezeichnen. Ob die sympathisierende Unterstützung der Bevölkerung freiwillig oder durch Zwang herbeigeführt wurde, bedarf der Einzelfallanalyse.

Terrorismus vs. Freiheitskämpfer

„Des Einen Terrorist ist des Anderen Freiheitskämpfer". Dieses Diktum von Ronald Reagan während seiner Amtszeit als US-Präsident zeigt, wie schwer sich Terrorismus von anderen Formen der Gewalt analytisch trennen lässt. Jüngeren Datums, aber sicherlich nicht weniger einprägsam ist der Satz Sir Peter Ustinovs, Krieg sei der Terrorismus der Reichen, Terrorismus hingegen der Krieg der Armen (zitiert in Berger, 2008, 14).

Ausgehend von diesen Aussagen stellt sich die Frage, inwieweit sich Terrorismus vom Krieg, Freiheitskampf oder Guerillakampf unterscheiden lässt. Ein vielleicht noch schwierigeres Problem der Definition betrifft die Frage, ob Terrorismus als eine Form des Krieges oder eine Gewaltform sui generis zu verstehen sein sollte. Die Vorstellung des Terrorismus als eine Form der Kriegsführung stützt sich auf seine historische Herleitung aus dem anti-kolonialen Befreiungskrieg. Robert Taber hält Terrorismus für einen in die Stadt verlegten Guerillakrieg. Deswegen sieht er auch keine Möglichkeit, zwischen Guerillakämpfern und Terroristen zu unterscheiden (vgl. Taber, 1969, 90 f.). Die Mehrzahl der Terrorismusforscher hingegen erkennt einen kategorialen Unterschied zwischen Terrorismus und Guerillakrieg. Martha Crenshaw (1983) behauptet, Terrorismus lasse sich so lange nicht genau definieren, wie die gewalttätige Handlung, ihr Ziel und die Wahrscheinlichkeit ihres politischen Erfolgs nicht bedacht werden. Freiheitskämpfer würden politische Gewalt im Rahmen des Völkerrechts ausüben, nur Kombattanten angreifen und ihren Kampf mit einer begründeten Aussicht auf Erfolg führen. Folglich wäre ihre Gewaltanwendung legitim. Terroristen dagegen würden zumindest eines dieser Legitimitätskriterien verfehlen. Entweder würden sie Völkerrecht brechen, die Tötung von Non-Kombattanten beabsichtigen oder einen aussichtslosen Kampf führen. Deswegen sei ihre Gewaltanwendung illegitim (vgl. Crenshaw, 1983).

Terrorismus vs. Krieg

Vom klassischen Krieg unterscheidet Terrorismus sich zunächst ganz formal dadurch, dass er durch nicht-staatliche Einheiten geplant und ausgeführt wird. Sicherlich gibt es auch staatlich ausgeübten Terror. Dieser Regimeterror, der ein Merkmal vor allem totalitärer politischer Systeme ist, ist aber vom Terrorismus nicht-staatlicher Gruppen, um den es hier ausschließlich geht, prinzipiell zu unterscheiden (vgl. Berger, 2008 145 ff.).

Die Unterscheidung zwischen Terrorismus und Krieg stellt die sozialwissenschaftliche Begriffsbildung zu Beginn des 21. Jahrhunderts vor Probleme. Denn in den neuen oder asymmetrischen Kriegen manifestieren sich viele verschiedene und komplexe Gewaltformen.

Neben der Frage nach der Definition von Terrorismus stellt sich auch die Frage nach einer neuen Definition des Krieges. Wer, wie der amerikanische Militärhistoriker Caleb Carr, Terrorismus weitläufig

„als Krieg gegen Zivilisten" definiert, wird der Dichotomie *Terrorismus* vs. *Krieg* nicht zustimmen können (vgl. Carr, 2003, 22). Der Definition Carrs widerspricht Bruce Hoffman deutlich: „Letztlich ist Terrorismus eine Taktik und einer Taktik kann man schlecht den Krieg erklären" (Interview mit Bruce Hoffman in: „Süddeutsche Zeitung Magazin" vom 12.11.2004, S. 15). In die gleiche Richtung argumentiert Charles Townshend, wenn er den „War on Terror" der USA unter der Bush-Administration als Krieg gegen einen abstrakten Begriff bezeichnet (vgl. Townshend, 2005, 77). Die Frage nach einer Definition des Krieges würde den Rahmen der vorliegenden Arbeit sprengen. Hoffmans These erlaubt jedoch den Versuch einer Unterscheidung: Während Terrorismus eine Strategie oder Taktik zur Durchsetzung politischer Ziele ist, kann Krieg -minimalistisch betrachtet- als Summe der physischen Gewaltanwendungen in einem Konflikt bezeichnet werden (Hoffman, 2002, 14).

Die freie Vermischung von Begriffen wie *Terrorismus* und *Krieg* oder auch *Terrorismus* und *Kriminalität* wird bereits seit Jahren von der wissenschaftlichen Forschung beklagt. Doch alle Versuche, strukturelle Gemeinsamkeiten aus der empirischen Vielfalt der Gewalthandlungen herauszudestillieren, um sie als Wesensmerkmale des Terrorismus zu fixieren und von anderen Gewaltphänomenen abzugrenzen, sind bislang gescheitert. Bedeutet jedoch die Tatsache, dass bislang weder eine einheitliche Definition noch eine begrifflich eindeutige Trennlinie zwischen den verschiedenen Gewaltphänomenen gezogen werden konnten, auch, dass sowohl die Komplexität des Gegenstands als auch die dynamische Realität moderner Gewaltkonflikte sich der definitorischen Subsumierung für immer entziehen werden? Die Schwierigkeit, Terrorismus und Krieg voneinander abzugrenzen, liegt jedoch weniger in der Komplexität des Gegenstands selbst begründet als vielmehr in der Tatsache, dass erstens die Begriffe *Krieg* und *Terrorismus* sich auf unterschiedliche Abstraktionsebenen beziehen und dass zweitens in die Bezeichnung eines Gewaltaktes als *terroristisch* strategisch-politische Interessen und normative Grundpositionen einfließen (vgl. Bakonyi, 2001, 7).

Ausgehend von den hier aufgeführten verschiedenen Herangehensweisen einer allumfassenden Definition des Phänomens *Terrorismus* sowie die Abgrenzung zu anderen Gewaltformen wird für das Folgende diese Arbeitsdefinition festgelegt: Terrorismus (von lat. terror: „Furcht, Schrecken“) ist:

a. eine kalkuliert inszenierte gewalttätige Kommunikationsstrategie,
b. mit der (nichtstaatliche) Akteure versuchen, die Gesellschaft, Staaten, deren Institutionen oder bestimmte gesellschaftliche Gruppen zu schädigen
c. und/oder in Angst und Schrecken zu versetzen,
d. um auf diese Weise politische Ziele zu erreichen und
e. Unterstützer für ihre Sache zu rekrutieren.

3.2 Theorien

Sprechen wir von Terrorismus, so kann dieser Begriff nicht allumfassend verstanden werden. Es gibt viele verschiedene theoretische Ansätze von Terrorismus. Im Folgenden sollen die für diese Arbeit wichtigsten erläutert werden. Bei dem Versuch, die unterschiedlichen Erscheinungsformen des Terrorismus in eine Systematik zu bringen, müssen aufgrund der Komplexität dieser Materie sehr bald Grenzen gesetzt werden. Betrachten wir die Formen des Terrorismus aus räumlicher Sicht, so werden in der Literatur vorwiegend drei Arten unterschieden: nationaler, internationaler und transnationaler Terrorismus. Eine Sonderform ist der Cyberterrorismus.

3.2.1 Nationaler Terrorismus

Bei nationalem Terrorismus handelt es sich um eine Form des Terrorismus, welcher seine Zielen und Aktivitäten auf das Territorium eines Staates beschränkt. Beispiele finden wir etwa in Bangladesch, Nepal, auf den Philippinen, Spanien (ETA), Italien (Rote Brigaden) oder auch in Deutschland (RAF), wobei jedoch bei letztgenanntem zum Teil internationale Verbindungen und Kooperationen ebenso einen gewissen Einfluss ausübten (vgl. Schröder, 1986, 41 ff.).

3.3.2 Internationaler Terrorismus

Internationaler Terrorismus zeichnet sich durch das Ziel, den Operationsbereich weit über die Grenzen eines Landes hinaus zu legen, aus und bezieht oftmals die Bewohner unbeteiligter Staaten als Opfer in die Aktionen ein. Unter anderem geht es den Terroristen darum, die Weltöffentlichkeit auf innerstaatliche Probleme aufmerksam zu machen. Beispiele für diese Form des Terrorismus finden wir bei der ehemaligen PLO, der palästinensischen Hamas oder der philippinischen Abu-Sayaff-Organisation (vgl. Kreis, 1977, 160).

3.2.3 Transnationaler Terrorismus

Transnationaler Terrorismus hat weite Teile der Welt als Ziele im Visier und will die Änderung der internationalen (Wirtschafts- oder Herrschafts-)Ordnung erreichen. Das Terrornetzwerk Al-Qaida gilt als erste Vereinigung, auf die das zutrifft. Der transnationale Terrorismus wird oft auch als internationaler Terrorismus bezeichnet. Inwieweit der sogenannte „Islamische Staat" dieser Form angehört wird im weiteren Verlauf dieser Arbeit genauer erläutert werden. Generell lässt sich transnationaler Terrorismus als Terrorismusform beschreiben, die sich ökonomisch über transnational verbundene „Gewaltmärkte" und globale Finanznetzwerke reproduziert und ihre Akteure in vielen unterschiedlichen Ländern rekrutiert (vgl. Schneckener, 2006, 10). Kennzeichen des transnationalen Terrorismus sind die länderübergreifende Vernetzung terroristischer Gruppen auf substaatlicher Ebene. Die Beschaffung von Waffen und Geld wird in der Regel durch private Unterstützung oder durch den Aufbau eigener, substaatlicher Finanzierungs- und Logistiknetzwerke gesichert (vgl. Steinberg, 2015, 1).

3.2.4 Sonderform „Cyberterrorismus"

Als vierte und neueste Form des Terrorismus gilt der weltweite Cyberterrorismus. Terroristen nutzen hierbei den Cyberspace und die zunehmende Abhängigkeit unserer vernetzten Gesellschaft von den

Informations- und Kommunikationskanälen zur Durchsetzung bzw. Verbreitung ihrer Ziele. Kaum ein terroristisches Instrument ist so kostengünstig und so effizient wie die zielgerichtete Nutzung des Internets (vgl. Schneider, 2008, 36). Besonders der „ Islamische Staat" ist im Internet sehr aktiv, wie diese Arbeit erläutert (siehe Kapitel 7.3)

3.3 Erscheinungsformen des Terrorismus

Terrorismus entsteht aus unterschiedlichen Motiven. Anhand dieser Unterschiede lassen sich seine verschiedenen Formen definieren. Eine Zuordnung ist jedoch nie eindeutig möglich, da sich die Ziele häufig überschneiden oder ineinander übergehen. Die vorgenommene Einteilung nach Waldmann basiert auf der Annahme, dass eine terroristische Gruppe samt ihrer ideologischen Rechtfertigungen und Ziele nicht ohne Grund entsteht, sondern ihren bestimmten gesellschaftlich-historischen Nährboden hat, der wiederum auch durch ihr Vorgehen spezifisch aktiviert wird (vgl. Waldmann, 2005, 111 ff.). Allgemein wird zwischen vier Motivlagen in der Wissenschaft unterschieden: sozialrevolutionärer Terrorismus, ethnisch-nationalistischer Terrorismus, religiöser Terrorismus und vigilantistischer Terrorismus.

Letzterer bezeichnet Terrorismus im Sinn des Staates oder der etablierten Ordnung. Diese Gruppen glauben entweder mit Duldung des Staates oder im Sinn der Bevölkerungsmehrheit zu kämpfen. Sie wollen entweder gesellschaftliche Änderungen verhindern oder gegen eine angebliche Bedrohung durch Kriminelle vorgehen. Vigilantistische Terroristen halten den Staat und seine bestehenden Gesetze für zu schwach, um die herrschende Ordnung zu schützen. Als Beispiel ist hier die Ku-Klux-Klan-Bewegung in den USA zu nennen (vgl. Arslan, 2010, 75).

Beim ethno-nationalen Terrorismus wird die Anwendung von Gewalt nicht durch eine Weltanschauung oder Ideologie begründet. Vielmehr geht es um regionale, separatistische Forderungen, die von bestimmten Autonomierechten bis hin zu einem eigenen Staat reichen können. Beispiele sind bzw. waren die nordirische IRA (bis zur „Beendigung des Kampfes" 2005), die baskische ETA (bis zur „Beendigung des Kampfes" 2006), die palästinensische PLO (bis Mitte der 1980er-

Jahre), die kurdische PKK oder die tamilischen „Tamil Tigers" (vgl. Bechmann, 2002, 177).

Im Folgenden werden besonders die Formen des sozialrevolutionären Terrorismus und des religiösen/fundamentalistischen Terrorismus akzentuiert. Deshalb werden sie genauer skizziert.

3.3.1 Sozialrevolutionärer Terrorismus

Sozialrevolutionärer Terrorismus speist sich aus dem unbedingten Wunsch nach einer ideologischen Neuausrichtung der Gesellschaft, wie sie das linksextreme Spektrum der „Post-1968er- Bewegung" vertrat (vgl. Hirschmann, 2009, 64). Der sozialrevolutionäre Terrorismus zielt auf die Errichtung einer klassenlosen sozialistischen/kommunistischen Gesellschaft. Er bekämpft den demokratischen Verfassungsstaat als Garant eines kapitalistischen Systems und wegen seines vermeintlich repressiven Charakters. Demnach unterscheidet sich der sozialrevolutionäre Terrorismus vom ethnisch-nationalistischen Terrorismus durch den Adressaten und durch sein Ziel. Der zu „interessierende Dritte" (Berger/Weber, 2008, 59) ist keine Nation im Werden und auch keine nach Autonomie strebende separatistische Bewegung, sondern eine bestimmte soziale Klasse. Den ideologischen Hintergrund bietet dabei meistens der Marxismus. Zu beachten sei aber, so Berger und Weber (2009), dass die Verbindung, die Marxismus und Gewalt im sozialrevolutionären Terrorismus eingehen, einer Erklärung bedürfe. Marx selber hatte in den Schriften hauptsächlich die ökonomische Dynamik kapitalistischer Gesellschaften analysiert und deren Widersprüchlichkeiten herausgearbeitet. Dabei hatte er sich entschieden gegen Überschätzung des Einflusses der Gewalt gestellt und die Hoffnung geäußert, die Ablösung der bürgerlichen Gesellschaft möge auf friedlichem Weg vor sich gehen. Der politisch entscheidenden Frage, wie der Übergang von der kapitalistischen zur sozialistischen Gesellschaftsordnung geregelt werden soll, war Marx somit ausgewichen (vgl. Berger/Weber, 2009, 59).

3.3.2 Religiöser/fundamentalistischer Terrorismus

In jüngster Zeit hat der religiös motivierte, vor allem der islamistische Terrorismus wachsende Aufmerksamkeit auf sich gezogen. Während in den 1960er-, 1970er- und frühen 1980er-Jahren des vergangenen Jahrhunderts der sozialrevolutionäre und der ethnisch-nationalistische Terrorismus für Aufmerksamkeit sorgten, hat seitdem die Zahl von Anschlägen aus religiösen Motiven stetig zugenommen (vgl. Waldmann, 2009, 135). Der Beginn wird im Zusammenhang mit der Iranischen Revolution im Jahr 1979 gesehen. Ziel dieser Revolution war die Transformation des Iran in einen islamischen Staat mit der Schari'a[4] als Gesetzesgrundlage. Das amerikanische Forschungsinstitut RAND[5] beschäftigt sich u. a. mit dem Thema *Terrorismus* und führt Statistiken zu den bisher bekannten Gruppen und Anschlägen. So zeigt sich, dass zwischen 1968 (Beginn der Zählung) und 1980 insgesamt 62 Anschläge von religiösen Terrorgruppen verübt wurden, die Zahl stieg bereits auf 179 für die Jahre von 1991 bis 1995 an, und zwischen 2001 und 2005 lag sie bei 1495 Anschlägen (Jones, 2008, 22).

Ideologisch lässt sich der Anstieg des religiös inspirierten Terrorismus bis zur sogenannten „religiösen Wiederbelebung“ (Neumann, 2009, 5) zurückverfolgen, die in den 1970er-Jahren begann. Demnach lässt sich argumentieren, das neuerliche Interesse an Religion sei eine mehr oder weniger konsequente Reaktion auf Empfindungen wie Unsicherheit und Ungewissheit infolge der Begegnung mit der späten Moderne und dann der Globalisierung. Religiös motivierter Terrorismus wird nach Hirschmann von zwei zentralen Leitgedanken geprägt: Zum einen wird der globale Modernisierungs- und Säkularisierungsdruck abgelehnt, und außerdem existiert eine Sehnsucht nach

---

4 Der Begriff wird im heutigen Sprachgebrauch für „islam. Recht“ verwendet, bedeutet im engeren Sinne jedoch die von Gott gesetzte Ordnung im Sinne einer Islam. Normativität.

5 Die RAND Corporation („Research ANd Development“) ist eine Denkbank in den USA, die nach Ende des Zweiten Weltkriegs gegründet wurde, um die Streitkräfte der USA zu beraten. Zu den von RAND bearbeiteten Themen gehörten in den letzten Jahren unter anderem die wachsende Fettleibigkeit der Amerikaner, zukünftige Anforderungen für den militärischen Flugzeugbau, das Problem des Drogenmissbrauchs an amerikanischen High Schools oder Schutzmöglichkeiten gegen terroristische Angriffe. (http://www.rand.org/about/organization.html)

Rückkehr zu einer Gesellschaft, die sich ausschließlich auf religiöse Grundlagen stützt (vgl. Hirschmann, 2009, 41). Problematisch hierbei sind der daraus resultierende totalitäre Anspruch und die Zusammenführung der religiösen und politischen Einstellung. In diesem Sinn nennt Hirschmann für den religiös motivierten Terrorismus mehrere Ursachen: Als erstes führt er den Dualismus an, der die Welt in Gut und Böse aufgeteilt. Weitere Gründe seien Determinismus, Mitgliederkontrolle bzw. totalitäre Strukturen sowie fehlende Hemmschwellen (ebd., 22).

Doch die Beweggründe für religiös motivierte Gewalt und ihre Besonderheiten bleiben schwer durchschaubar. Laut Waldmann ist im Rahmen bestimmter Religionen und religiöser Praktiken Gewalt weder ein Fremdkörper noch eine Form abweichenden Verhaltens, sondern ihnen gewissermaßen immanent. Es sei jedoch nicht sinnvoll, zwischen mehr oder weniger friedlichen Religionen zu unterscheiden, da alle ein hohes Maß an Gewaltpotential aufweisen. Allerdings komme dieses Potential nicht immer mit der gleichen Stärke zum Ausdruck (Waldmann, 2005, 136 ff.). Ausgehend von dieser Annahme ließe sich schließen, dass das Christentum – von einzelnen fundamentalistischen Absplitterungen abgesehen – eine vergleichsweise gewaltarme Phase erlebe, während beim Islam militante Tendenzen, bis hin zum Terrorismus in den Vordergrund treten.

4 Terrorismus als Kommunikationsstrategie

Nachdem die vorausgehenden Kapitel knapp einige prominente Theorien zum Terrorismus, zur Typologie und verschiedene Definitionsversuche des *Terrorismus* skizziert hat, um ein eigenes konzeptionelles Verständnis des Phänomens zu erarbeiten und andere Ansätze kritisch zu würdigen, können die oben erarbeiteten Ergebnisse nun weiter ausgebaut und Schwerpunkte gesetzt werden, um die zentrale Fragestellung dieser Arbeit zu beleuchten. In diesem Kapitel wird erörtert, wodurch sich eine terroristische Kommunikationsstrategie auszeichnet und welche Kriterien ein Akt erfüllen muss, um als terroristische Kommunikation zu qualifiziert zu werden.

Terroristen wollen durch ihre Taten kommunizieren und Botschaften übermitteln, sie wollen aufrütteln und einschüchtern. Terrorismus ist aus dieser Sichtweise eine Handlungsstrategie von Gruppen, die militärisch zu schwach sind, um allein durch die direkten physischen Wirkungen von Gewalthandlungen ihre Ziele zu erreichen. Deswegen verlassen sie sich nicht allein auf diese, sondern auch auf den kommunikativen Effekt ihres Gewalteinsatzes bei verschiedenen Adressaten. Festzuhalten bleibt, dass die Wirkungsmacht des Terrorismus darin besteht, sich selbst einen Zugang zur öffentlichen Meinung zu verschaffen und auf die politische Agenda setzen zu können.

Laut Andreas Elter liegt eine terroristische Kommunikationsstrategie vor, „wenn eine Aktion ganz bewusst im Hinblick auf ihre mediale Verwertbarkeit geplant und durchgeführt wurde“ (Eltner, 2008 1068).

Ziele dieser Strategie sind einerseits, das Vertrauen in den Staat und seine Fähigkeit zum Bürgerschutz durch Gewalttaten zu untergraben, und anderseits, um Sympathie und Beistand für ihr politisches Anliegen zu werben (Waldmann, 1998, 12). Terrorismus kann daher als gewalttätiges Handeln betrachtet werden, das bewusst so präsentiert wird, dass es die Aufmerksamkeit auf sich lenkt und dann mittels der Publizität, die es schafft, eine Botschaft übermittelt. Die damalige Führung der Vereinigten Roten Armee[6] in Japan erklärte hierzu treffend:

> „Es gibt für uns keinen anderen Weg. Gewalttätiges Handeln schockiert. Wir wollen die Menschen schockieren! Das ist unsere Art, mit dem Volk zu kommunizieren." (Zitiert nach McKnight, 1974, 168; eigene Übersetzung.)

Daraus entwickeln sich folgende Fragen: *Erstens*: An welche Zielgruppen richten sich terroristische Botschaften? *Zweitens*: Welche Wirkungen streben Terroristen an? Ausschlaggebendes Kriterium für Terroristen ist nicht die terroristische Tat an sich, sondern der Effekt, den sie erzielt. Auf der Ebene der Adressaten sind mindestens drei Gruppen auszumachen: zum einen das Feld der politischen Gegner, repräsentiert durch die Verantwortlichen des politischen und wirtschaftlichen Systems, das in letzter Konsequenz abgeschafft werden soll. Die zweite Gruppe ist ein kleiner Kreis von Personen, mit denen die Gewaltakteure politische Grundeinstellungen, insbesondere die Überzeugung von der Notwendigkeit der Systemveränderung teilen. Die letzte Adressatengruppe ist eine breite Öffentlichkeit, die für dieses Ziel noch gewonnen werden muss und erreicht werden soll, indem durch den spektakulären Gewalteinsatz die Veränderungsmöglichkeit demonstriert wird. Der Politologe Herfried Münkler bezeichnet diese letzte Gruppe als die „als interessiert unterstellten Dritten" (Münkler, 2006, 94). Diese stehen der terroristischen Aktion neutral bis wohlwollend gegenüber und sollen durch die Tat als Sympathisanten beziehungsweise Unterstützer gewonnen werden. Diese Bezeichnung ist nicht nur aus politologischer Sicht, sondern auch aus kommunikationstheoretischer Sicht interessant. Denn indem sie ein Interesse annimmt, macht sie nicht nur deutlich, dass der Gewalteinsatz indirekt als Kommunikation funktioniert, sondern betont auch die Not-

---

6 Die Japanische Rote Armee, war eine linksradikale Terrororganisation. Fusako Shigenobu, frühere Studentin der Meiji-Universität, gründete sie 1971. Sie unterhielt im libanesischen Bekaa-Tal ihre Ausgangsbasis. Nach dem Juli 1988 hörte die JRA auf, als aktive Gruppe zu existieren. (Farrell, 1990, 17)

wendigkeit der damit verbundenen Kontingenz des angestoßenen Kommunikationsprozesses (vgl. Steinseifer, 2011, 34).

Terroristische Anschläge werden somit auch von einem bestimmten Teil der Bevölkerung als Hoffnungszeichen aufgefasst, das Schadenfreude oder auch die Bereitschaft auslösen kann, sich direkt oder indirekt dem Kampf anzuschließen (vgl. Waldmann, 2011, 19 ff.). Im Wissen darum, das diese Emotionen geweckt werden können, wollen die Akteure durch ihre terroristischen Anschläge auch bestimmte Verhaltensreaktionen auslösen. Hierbei geht es insbesondere um überstürzte und auch von Panik diktierte Schutz- und Vergeltungsmaßnahmen, aber auch um Unterstützung und aktive Mithilfe beim angestrebten Kampf. Ein weiteres Ziel ist, den öffentlichen Diskurs zu besetzen, was nur mit Hilfe der Massenmedien zu erlangen ist (vgl. Imbusch, 2003, 78). Denn diese allein bestimmen, was von der öffentlichen Kommunikation ausgeschlossen und was hineingenommen wird, sie gewichten Themen und üben Gatekeeper-, Agenda-Setting- und Priming-Funktionen aus (Weinhauer/Requate, 2006, 45 ff.). Terroristische Akteure unterliegen somit den Selektionskriterien der Massenmedien und konkurrieren mit anderen Themen. Die Einflussmöglichkeiten der Gewaltakteure sind also nicht nur militärisch, sondern auch kommunikativ begrenzt. Eine Folge davon ist sicherlich, dass Terroristen sich in den Bekennerschreiben nicht nur zu den Taten bekennen, sondern diese auch erklären. Denn Bekennerschreiben oder -videos sind eine der wenigen Möglichkeiten, dem Massenpublikum direkt etwas mitzuteilen und nicht nur die Verbreitung der Informationen sicherzustellen, sondern die Mitteilungshoheit der Journalisten punktuell außer Kraft zu setzen. Um die „hohe Aufmerksamkeitsschwelle“ (Steinseifer, 2011, 34) der Medien zu überwinden, müssen Attentate daher öffentlichkeitswirksam verübt werden und über den Schein der Neuheit und Einzigartigkeit, der Überraschung verfügen. Hierbei werden auch Faktoren wie das Ausmaß des Schadens und Status und Prominenz der Opfer relevant für die tatsächlich generierte Aufmerksamkeit (vgl. Glück, 2008, 57).

Terroristen verknüpfen in ihren Handlungen Gewalt und Kommunikationssysteme, um Aufmerksamkeit zu erhalten. Dieser Schritt gelingt in der Regel problemlos. Generell lassen sich drei Stufen bei der Kommunikation von terroristischen Gruppen beobachten.

Erstens: die „Androhung“ eines geplanten Anschlags. Viele Beispiele hierfür finden sich sowohl bei der RAF als auch beim „IS“. *Zweitens*: sozusagen die „Kommunikation durch Handeln“. Hier geht es um die Gewalttat an sich. Wie bereits erläutert, muss die terroristische Tat selbst bereits als Kommunikation aufgefasst werden. Anschläge, Entführungen und anderen Arten der Gewaltausübung haben somit nicht nur die Zerstörung von Gebäuden bzw. die Tötung von Personen zum Ziel, sondern sind darüber hinaus als Kommunikation zu begreifen. Die *dritte* und letzte Stufe der Kommunikation betrifft die Bekennerdimension. Dieses ist meistens eine Erklärungs- bzw. Rechtfertigungskommunikation. Schreiben oder Videos präsentieren das Bekenntnis zu einzelnen Taten und sollen diese kontextualisieren und rechtfertigen.

Wie bereits beschrieben, sind die Rahmenbedingungen für einen terroristischen Anschlag ausschlaggebend. So besteht einer der Hauptgründe, warum Terroristen als Aktionsbühne die westlichen Industrieländer bevorzugen, darin, dass die erzeugte Aufmerksamkeit als auch der Kommunikationseffekt viel größer ist als in einem Land, in dem terroristische Anschläge öfter verübt werden. Denn Signale und Botschaften werden nur dann wahrgenommen, wenn sie sich nicht inflationsartig vermehren. Darüber hinaus ist die Art und Weise der Darstellung und Durchführung eines Terroranschlages ausschlaggebend für die Resonanz in den Medien und in der Gesellschaft. Ein Terrorakt, der nicht wahrgenommen wird, wird nur seine direkten materiellen Auswirkungen haben, somit politisch weitgehend ins Leere laufen. Es lässt sich darüber hinaus beobachten, dass die Opferzahl von Anschlägen stetig steigt, was den möglichen Schluss zulässt, dass durch die hohe Anzahl an terroristischen Gruppen und Organisationen ein gewisses Konkurrenzverhalten Einzug gehalten hat. Aber auch größeres Know-how und das gestiegene Verfügbarsein von Informationen etwa zum Bombenbau lassen sich als Gründe ausmachen. Um die Aufmerksamkeit der Öffentlichkeit zu erhalten, ist es daher unverzichtbar, immer größere und verheerendere Anschläge durchzuführen (vgl. Waldmann, 2008, 26).

Andreas Eltner unterscheidet bei der Kommunikation von terroristischen Gruppen generell zwei Ebenen voneinander. Seines Erachtens existieren eine interne und eine externe Ebene. Die Weitergabe von geheimen Informationen, Anleitungen zum Bombenbau sowie die Übermittlung von Befehlen und Handlungsanweisungen geschehen auf interner Ebene. Als Kommunikationskanäle können Briefe, Mails, persönliche Gespräche oder auch jegliches anderes Mittel sein. Dagegen wird die terroristische Tat, das Verbreiten von Propaganda, Erklärungen zu politischen oder ideologischen Zielen, Videobotschaften, Bekennerschreiben und Reaktionen auf Medienberichte als externe Ebene angesehen (vgl. Eltner 2008, 33).

Besonders soll in dieser Arbeit die externe Ebene untersucht werden. Da Terrorismus meist vor allem auf den politisch-psychologischen Effekt der Gewalt zielt, erhält im Hinblick auf seine Wirksamkeit die Wahrnehmung und Interpretation der Gewaltakte eine Schlüsselrolle. Deshalb werden die Reaktionen der Medien zunehmend wichtig. Terrorismus als Kommunikationsform braucht die Medien als Multiplikatoren, um sein politisches Potential auszuschöpfen. Finden beispielsweise terroristische Akte kontinuierlich statt, wie derzeit im Irak, Syrien und Afghanistan, verliert sich der Charakter des unerwarteten Ereignisses im Sog des brutalen Alltags. Somit kann gesagt werden, dass Terrorismus primär von zwei Ingredienzien, die miteinander in einer dynamischen Wechselwirkung stehen, gespeist werden. Diese sind Gewalt und kommunikative Wirkung. Die Kommunikationsstrategie *Terrorismus* setzt somit Gewalt als Transmissionsriemen ein. Gewalt schafft ein Aktionspotential. Durch ihre gewalttätigen Aktionen erreichen Terroristen, dass ihnen die breite Masse Aufmerksamkeit schenkt. Dies wird allerdings nur erreicht, wenn die Gewalt innovativ ist. Aus der schwächeren Position heraus setzen Terroristen daher Gewalt als Kommunikationsvehikel ein, um höchstmögliche Aufmerksamkeit zu erlangen (vgl. Tinnes, 2012, 22).

4.1 Terrorismus als Kalkül

Als Form der Gewalt sagt Terrorismus wenig über die Menschen aus, die ihn einsetzen. Vor einer detaillierten Analyse und der Projektion von Trends sei angemerkt, dass eine undifferenzierte Sichtweise und standarisierte Lösungsansätze basierend auf der taktischen Gemeinsamkeit, nämlich dem Einsatz „terroristischer“ Mittel, für ansonsten in höchstem Maße unterschiedliche Konflikte, nicht zu verlässlichen Vorhersagen führen. Nach Brian Jenkins ist Terrorismus lediglich die „dünne Kruste auf einem sehr dicken Kuchen" (Jenkins, 1975, 78, eigene Übersetzung). Terrorismus lässt sich demzufolge nur unter Berücksichtigung der spezifischen politischen und gesellschaftlichen Bedingungen, unter denen er auftritt, verstehen. So sind alle Versuche, weitreichende Einblicke in die Gründe und mögliche Lösungen für bestimmte gewaltsame Konflikte einzig auf Grundlage ihrer „terroristischen" Manifestationen herzuleiten, zum Scheitern verurteilt (vgl. Neumann, 2009, 5). Ziel des Terrorismus ist es nicht, den Feind zu besiegen, sondern eine Botschaft zu verbreiten. Die Botschaft des „IS" lautet beispielsweise, den westlichen Feind weltweit zu bekämpfen, die arabischen Territorien aus der „westlichen Besatzung" zu befreien und ein Kalifat wieder zu errichten (vgl. Zimmermann, 2006, 15).

Das klassische terroristische Kalkül, etwa bei den sozialrevolutionären Untergrundgruppen der siebziger Jahre oder beim ethno-nationalistischen Terrorismus der IRA oder ETA, besitzt nach Hoffmann drei strukturell identische Elemente. Wie bereits in den vorigen Kapiteln (siehe Kapitel 3) aufgezeigt, ist als erstes Element der Gewaltakt oder die öffentliche Androhung zu nennen und zweitens die Erzeugung von starken emotionalen Reaktionen. Gefühle der Furcht und des Schreckens, zumindest der starken Verunsicherung der Feinde, sind erwünscht. Als letztes Element sind überstürzte, von einer gewissen Panik diktierte Schutz- und Vergeltungsmaßnahmen, aber auch Unterstützung und aktive Mithilfe beim angestrebten Kampf zu nennen. Diese Dreiersequenz gilt für das klassische terroristische Kalkül (vgl. Hoffman 1999, S. 112 ff.).

Das terroristische Kalkül aller Formen von Terrorismus lässt sich aber auch als ein Spezialfall des Handlungsprinzips „Provokation" interpretieren, dem wir in zahlreichen Machtkonstellationen begegnen. Bezeichnend für eine Provokation ist somit im Regelfall die Herausforderung eines Starken durch einen Schwächeren. Der Soziologe Rainer Paris hat sie definiert als:

> „absichtlich herbeigeführten, überraschenden Normbruch, der den anderen in einen offenen Konflikt hineinziehen und zu einer Reak-

tion veranlassen soll, die ihn, zumal in den Augen Dritter, moralisch diskreditiert und entlarvt" (Paris, 1998, 15).

In den verschiedenen Elementen dieser Definition lassen sich unschwer die wichtigsten Bausteine der terroristischen Strategie als Extremform der Provokation wiedererkennen: Der offensive Normbruch verletzt als Übergriff die Gegenseite, stellt sie bloß und lädt damit die Situation für alle Beteiligten, einschließlich der Zuschauer, emotional auf. All dies lässt sich auf das Vorgehen der Terroristen übertragen, die sich durch ihre Gewalttaten gezielt über die herrschenden Normen und Moralvorstellungen hinwegsetzen. Ihr Normbruch hat den Sinn, auf eine höherrangige Moralordnung hinzuweisen, in deren Licht ihre Angriffe tugendhaft und gerecht sind, während die Gegenseite der Vorwurf von Bösartigkeit und Verblendung trifft (vgl. Waldmann, 2002, 5).

Das terroristische Kalkül verfolgt neben dem Überraschungseffekt das Ziel, die andere Seite so herauszufordern, bis diese zum Gegenschlag ausholt und dabei aussieht, als sei sie der aggressive Part. Somit zielen die Anschläge der Terroristen auch darauf ab, den feindlichen Staat aus seiner Reserve herauszulocken, damit er Verfolgungsinitiativen ergreift. Beispiele hierfür sind die Versuche des BND, mit allen zur Verfügung stehenden Mitteln auf die terroristischen Provokationen der RAF zu reagieren. Das Bundeskriminalamt (BKA) wurde dafür in den 70er Jahren zu einem mächtigen Fahndungsapparat ausgebaut. 1975 wurde in Bonn-Bad Godesberg eine Abteilung des BKA gegründet, die sich ausschließlich der Terrorismusbekämpfung widmete. Der Nachweis für die Notwendigkeit mancher Einschränkungen basierte dabei eher auf Vermutungen; die Gesetzgebungsverfahren wirkten punktuell und überhastet; manche Gesetze erschienen eher als einzelfallorientiertes Sonderrecht für konkrete Terroristenprozesse und weniger als abstrakte und generelle Regeln. Neuerungen wie etwa die Einführung der sogenannten „Kronzeugenregelung" blieben umstritten, und ihr Beweiswert in den Prozessen war gering (vgl. Gusy, 2007, 2).

Aber auch die massiven Reaktionen nach den Terroranschlägen in Paris und Brüssel dienen als gute Beispiele für Überreaktionen des Staates. Frankreich verhängte den Ausnahmezustand nach den Pariser Anschlägen vom 13. November 2015[7] und reagierte schnell militärisch mit Bombardements auf Stellungen des „IS" in Syrien. Die Anti-Terror-Gesetze nach den in Brüssel verübten Anschlägen eignen sich ebenso als Beispiel für gesellschaftliche Repression infolge von Terrorismus.

Reagieren die gesellschaftlichen und politischen Führungseliten indes maßvoll und unterlassen übertriebene Verfolgungs- und Sicherheitsmaßnahmen, dann haben Terroristen ihr Ziel, zumindest teilweise, verfehlt. Provokationen, die keine heftige, möglicherweise überhaupt keine unmittelbare Antwort hervorrufen, können als Scheitern erscheinen.

Methoden zur Durchsetzung des terroristischen Kalküls können dabei vielfältig sein und reichen von Bombenanschlägen, Selbstmordanschlägen, Entführungen bis hin zu Geiselnahmen. Ein besonderes terroristisches Kalkül waren die Hungerstreiks der RAF. Im Rückblick zeigt sich diese Strategie als enorm wirkungsvoll. Auch wenn die unmittelbaren Ziele nicht erreicht wurden, die Anerkennung als politische Gefangene, erhielt die Strategie weltweit Aufmerksamkeit und brachte neue Rekruten. In der bundesdeutschen Gesellschaft erzeugte sie viel Sympathie. Eine Erklärung der RAF zeigt deutlich die Ziele der Hungerstreiks:

> „Unser Hungerstreik im Januar/Februar war erfolglos. Die Zusagen der Bundesanwaltschaft zur Aufhebung unserer Isolation waren Dreck. Wir befinden uns wieder im Hungerstreik. Wir verlangen: Gleichstellung der politischen Gefangenen mit allen anderen Gefangenen! Und freie politische Information für alle Gefangenen – auch aus außerparlamentarischen Medien! Nicht mehr – nicht

7 Bei sechs Anschlägen sind am 13. November 2015 in Paris 130 Menschen getötet worden. Mehr als 350 Menschen wurden verletzt. Attentäter schossen auf Gäste von Bars und Restaurants und auf Besucher des Konzertsaals Bataclan. Mehrere Explosionen erschütterten auch die Umgebung des Stade de France, wo ein Fußball Freundschaftsspiel Deutschland gegen Frankreich stattfand.

weniger. Jetzt. Mit der schmierigen Tour: Ruhig Blut – die Zeit arbeitet für dich, lassen wir uns nicht einseifen." (Hungerstreikerklärung vom 8. Mai 1973.)[8]

Noch aus der Haft heraus blieb die RAF eine Bedrohung für den Rechtsstaat. Der bundesdeutsche Rechtsstaat versuchte mit allen ihm zur Verfügung stehenden Mitteln zu reagieren. Soweit Gesetze geschaffen oder geändert wurden, blieb formal die Logik der Rechtsstaatlichkeit gewahrt. Im Strafrecht wurden einzelne neue Tatbestände geschaffen, namentlich gegen terroristische Vereinigungen (§-129 a). Sie sollten die Beweisnot des Staates verringern. Diese Maßnahmen zeigen, welchen Stellenwert der Aspekt der Provokation für das terroristische Kalkül haben kann.

Indes lassen sich Attentate und Bedrohungen durch den „Islamischen Staat" wesentlich schwerer durch Gesetze eindämmen. Problematisch sind die transnationale Struktur des „IS", aber auch die lückenhafte Zusammenarbeit der westlichen Staaten.

Doch die Annahme, ein konsequentes und hartes Vorgehen des Staates werde terroristisches Kalkül zunichte machen, ist problematisch. In der Geschichte finden sich Beispiele dafür, dass das terroristische Kalkül diesbezüglich scheitern kann, jedoch auch in anderen Fällen zum Erfolg führte. Faktoren für Scheitern oder Erfolg liegen im Konsolidierungsgrad der terroristischen Bewegung und in der Verknüpfung der Anschläge mit einer konkreten Territorialforderung. Auch spielte eine Rolle, ob den tatsächlichen Sympathisanten der Terroristen Diskriminierung und Repression drohte (vgl. Hoffmann, 2002, 237).

Abschließend kann daher terroristisches Kalkül so zusammengefasst werden:

---

8 Nach der Festnahme des Großteils der ersten Generation im Jahre 1972 hatten viele der Gefangenen unter Isolationshaft und auch sonstigen scharfen Haftbedingungen zu leiden. So wurden neben der akustischen und sozialen Isolation Medien verweigert oder zensiert und Besuch nur kaum gestattet. Als dann Holger Meins an den Folgen des dritten Hungerstreiks starb, wurde die Justiz verantwortlich und Meins so zum Märtyrer gemacht.

Der Gewaltakt soll die angegriffene Seite destabilisieren, weil so auch die Angreifbarkeit selbst demonstriert wird. Darüber hinaus soll durch Furcht und Schrecken die bisherige Funktionalität der angegriffenen Verhältnisse erreicht, also deren Ablauf beschädigt und der Zusammenhang geschwächt werden. Als drittes ist eine Reaktion des Angegriffenen zu erzeugen, durch welche die eigentlichen Ziele des Terrorismus erreicht werden können.

Ein weiterer Aspekt des terroristischen Kalküls wird in Selbstmordattentaten oder Märtyrertoden sichtbar. Sowohl bei der RAF als auch beim „IS" zeigte sich, dass die Inszenierung von Märtyrern eine weitere Strategie terroristischer Öffentlichkeitsarbeit ist, die in kommunikativer wie psychologischer Hinsicht eine wichtige Funktion erfüllt: Sie demonstriert die Opferbereitschaft der Organisation und somit auch die Glaubwürdigkeit. Es kann daher zugespitzt gesagt werden, dass die Glaubwürdigkeit einer terroristischen Gruppe steigt, wenn sie Tote aus den eigenen Reihen vorweisen kann. Nun mag die Todesbereitschaft angesichts islamischer Selbstmordattentäter als charakteristisches Merkmal aller Terroristen erscheinen, doch dieser Eindruck ist nicht richtig. Denn in der Regel setzen diese ihr Leben nicht sinnlos aufs Spiel, da sie auch in Zukunft ihren jeweiligen Feind bekämpfen wollen. In der Regel sehen sich Terroristen unter dem Druck, ihrem Tod grundsätzlich einen höheren Sinn geben zu müssen. Ohne moralische, religiöse oder ideologische Konstruktionen ist Terrorismus nicht denkbar. Wer sein Leben aufs Spiel setzt, benötigt eine transzendente Legitimation für sich selbst und für diejenigen, die dem Beispiel folgen sollen (vgl. Eltner, 2008, 116 ff.),

4.2 Botschaften

Ob terroristische Botschaften wahrgenommen werden, hängt von verschiedenen Faktoren ab, welche in diesem Kapitel näher erläutert werden. Generell kann eine Gewaltbotschaft nur dann Gehör bei Medien, Politik und Bevölkerung erlangen, wenn der Gewaltpegel in der Gesellschaft gering ist. Waldmann erwähnt in diesem Kontext den „Gewöhnungseffekt", der nicht zu hoch sein darf (Waldmann, 2005, 46). Demnach erhält ein Anschlag mehr Aufmerksamkeit in einer friedlichen Gesellschaft als in einer von Gewalttaten dominierten. Dennoch ist das Verständnis der Botschaft ausschlaggebend zur Durchsetzung der Ziele. So wurden terroristische Anschläge von marxistischen und nationalistischen Gruppen der 1970er- und 1980er-Jahre meist durch Bekennerschreiben begleitet, in dem der oder die Täter ihre Botschaft kundgetan haben (Bekennungskommunikation). Hierbei lässt sich beobachten, dass die Länge der Bekennerschreiben in den unterschiedlichen RAF-Generationen stark variierte. Die ersten Anschläge wurden durch kurze und prägnante Bekennerschreiben erläutert. Die Taten sollten von sich aus für jeden verständlich vermitteln, worauf die RAF politisch hinauswollte. Erste Veränderungen zeigten sich nach dem Mordanschlag an Wolfgang Buddenberg.[9]

Nach diesem Anschlag verfasste die Führung der RAF ein siebenseitiges Bekennerschreiben. Daraus lässt sich schließen, dass die Tat als solche nicht ohne ausführliche Erklärung als Botschaft dient. Dieses Beispiel zeigt, dass ein Attentat per se nicht zwangsläufig die richtige Botschaft vermittelt. Besonders die Bekennerschreiben der RAF zeigen zwei grundlegende Funktionen. Als erstes ist die Funktion der Rekrutierung und Mobilisierung der Anhängerschaft klar erkennbar. Eine weitere Funktion besteht in der Erklärung und ideologischen Rechtfertigung der Taten. So wurde im Lauf der Geschichte der RAF die Frage nach der Verhältnismäßigkeit der Attentate unter den Anhängern und Sympathisanten kontrovers diskutiert. Bekennerschreiben waren so immer auch ein Medium, um die Notwendigkeit der Tat im Sinn des Ziels zu rechtfertigen.

Eine zentrale und wichtige Rolle spielt gegenwärtig das Internet. Deshalb werden Drohungen (Drohkommunikation) des „IS" vor Anschlägen meist durch Videobotschaften verbreitet, die allgemein Verunsicherung und Panik in der Bevölkerung verbreiten und eigene Überlegenheit demonstrieren sollen. Der „IS" versucht durch diese mediale Auftritte folgende Botschaft zu vermitteln: Solche Anschläge

---

9 Am 15. Mai 1972 explodiert das Auto des Bundesrichters Wolfgang Buddenberg in Karlsruhe. Seine Frau wird verletzt. Der Bundesrichter war in die Ermittlungen gegen die „Baader-Meinhof-Gruppe" („erste Generation" der RAF um Andreas Baader, Gudrun Ensslin und Ulrike Meinhof) involviert. Zu der Tat bekannte sich das „Kommando Manfred Grashof" der RAF. Wolfgang Buddenberg überlebte das Attentat.

im Westen sind möglich, nicht vorhersehbar, und sie können eine verheerende Wirkung haben (vgl. Frindte, 2010,76).

Generell sind terroristische Botschaften ideologisch kaum zu vergleichen. Dennoch lassen sich gemeinsame Muster identifizieren. Grundlegende Botschaften aller terroristischen Aktivitäten sind die Erzeugung einer allgemeinen Stimmung der Furcht und des Schreckens, die Untergrabung des Vertrauens in den Staat und insbesondere dessen Fähigkeiten, die Bürger zu schützen, und die Suche nach Sympathisanten (vgl. Hoffmann, 2002, 45). Dokumente und der Briefverkehr der RAF-Mitglieder untereinander zeigen beispielsweise, dass die Erzeugung von Misstrauen in den Staat eines der Hauptziele der ersten Generation gewesen ist. Die Gruppe wollte so neue Mitglieder für ihre Ideologie und für den Systemwechsel gewinnen. Durch den Strategiewechsel der zweiten Generation, die ausschließlich das Ziel verfolgte, die inhaftierten Mitglieder der ersten Generation freizupressen, wurden viele Sympathien im Umfeld der RAF verloren. Zivile Opfer und eine gewisse Unberechenbarkeit in ihren Attentaten verstärkten diesen Effekt weiter.

Die Frage, warum Terroristen Gewalt gegen Unbeteiligte als Vehikel ihrer Botschaften benutzen, sucht Sonja Glaab vorsichtig so zu beantworten: Unter Außerachtlassen von sozialen, historischen und psychologischen Faktoren, lautet die eine mögliche Antwort: Terroristen sehen keine andere Möglichkeit, sich und ihrer Meinung Gehör zu verschaffen. Als Grund für derartige Auffassungen werden oft die Kommunikationsmuster moderner Demokratien genannt. Denn politische Konzepte und Forderungen finden insbesondere dann Aufmerksamkeit und Zustimmung, wenn sie im Fernsehen, Radio, und Presse ausführlich behandelt werden (vgl. Glaab, 2007, 22). Demnach haben die meisten Bürger kaum eine Chance, eigene Themen und Vorschläge öffentlich zu machen, es sei denn, sie machten diese durch spektakuläre Aktionen wie beispielsweise Hungerstreiks, Anschläge oder eben durch andere Formen von Gewalt „interessant".

4.3 Rezipient und Wirkung

Die Ziele und Motive von Terroristen unterscheiden sich, wie in den vorangegangenen Kapiteln dargestellt, stark voneinander. Sie reichen von großangelegten Entwürfen zur totalen Erneuerung der Gesellschaft über Doktrinen, ideologische Prinzipien oder die Erfüllung eines von Gott inspirierten chiliastischen Gebots bis zu vergleichsweise konkreten Zielen wie der Wiedererlangung einer nationalen Heimat oder der Wiedervereinigung einer geteilten Nation. Trotz dieser unterschiedlichen Motive ist allen terroristischen Gruppen eines gemeinsam: keine von ihnen begeht Handlungen ohne Sinn und Zweck. Jede Form sucht durch ihr Handeln die höchstmögliche Publizität zu erreichen, um ihre Ziele zu realisieren (vgl. Hoffmann, 2002, 172). Das Folgende ist ein kurzer Exkurs in die Kommunikationswissenschaft, um den Rezipienten und die Wirkung von terroristischen Taten zu untersuchen. Wichtig dabei ist die Frage, inwieweit terroristische Taten eine vorhersehbare Wirkung erkennen lassen.

Waldmann und Jenkins gehen davon aus, der entscheidende Unterschied zwischen „Terrorismus“ und anderen Formen der politischen Gewalt bestehe im symbolischen Charakter terroristischer Taten. Terroristen verwendeten somit eine Art gewalttätiger „Sprache“, um ihre Botschaft zu verbreiten. In einem vereinfachten Kommunikations-Modell, das an das Stimulus-Response-Modell[10] der Kommunikationswissenschaft angelehnt ist, würden die Täter als „Sender“ mittels der Opfer einer Gewalttat als „Nachricht“ das Publikum bzw. die Öffentlichkeit als „Empfänger“ zu erreichen suchen. Demnach ist die ermordete oder auf andere Art zu Schaden gekommene Person nicht das primäre Ziel der Terroristen. Die Tat hat somit nur einen symbolischen Wert, ist Träger einer Botschaft, die ein Gefühl der Unberechenbarkeit vermitteln soll. Ähnlich argumentiert auch Jenkins, indem er

10 Das Stimulus-Response- (S-R-) oder Reiz-Reaktions-Modell ist ein Modell der behavioristischen Psychologie, das Reiz und Reaktion nach Art des Black-Box-Modells verknüpft. Unter der Bezeichnung „Stimulus-Response-Modell“ ist ein Ansatz der Medienwirkungsforschung zu verstehen. Das S+R Modell nimmt in der kommunikationswissenschaftlichen Wirkungsforschung und besonders in der Propagandaforschung eine zentrale Rolle ein (Linder,2011 42).

sagt, dass Terrorismus sich an die Menschen richtet, die zuschauen (Jenkins, 1980, 99).

Wolfgang Frindte und Nicole Haußecker (Hrsg.) sprechen sogar von der Inszenierung von Terrorismus (Frindte, 2010 33). Demnach funktioniert die inszenierte gewalttätige Kommunikationsstrategie nur dann, wenn sich a) die Gesellschaften, Staaten, deren Institutionen oder einzelne gesellschaftliche Gruppen, die als Ziele und potentielle Opfer geschädigt werden sollen, b) politische, wissenschaftliche und journalistische Beobachter und c) potentielle Unterstützer und/oder Sympathisanten der Terrorakteure auf die gewalttätigen Inszenierungen einlassen, sie interpretieren, definieren, mögliche Folgen antizipieren und so schließlich selbst mit zu Protagonisten der Inszenierung von Terrorristen werden (vgl. ebd.). Es bleibt festzuhalten, dass Terrororganisationen, obwohl sie intensiv PR (Public Relations) betreiben und ihre Kommunikationsstrategie in einem beständigen Lernprozess zu perfektionieren versuchen, mit ihren kommunikativen Aktivitäten immer wieder unbeabsichtigte Effekte auslösen. Die endgültige Interpretation ihrer Taten und Propaganda-Aktionen können sie nur sehr bedingt steuern.

Terrorismus kann als kalkulierte Inszenierung verstanden werden, da er eine geplante Aufführung und Vorstellung von etwas ist, das gleichzeitig verstellt und verschleiert aufgeführt wird. Jede Inszenierung lebt aus dem, was sie nicht ist (Iser, 1991, S. 511). Unter Inszenierung wird demnach, die gezielte Herstellung von Formen verstanden, in denen mögliche Ereignisse und Prozesse als wirkliche (also wirkende) erscheinen. Terroristen geht es nicht in erster Linie darum, Zivilisten zu töten, sondern den Gegner zu zwingen, den Terrorismus als Risiko zu interpretieren und riskante Folgeentscheidungen zu treffen, mit denen sie (die Gegner) sich sukzessiv weiter schwächen. Als letztes ist der Terrorismus als kalkulierte Inszenierung zu verstehen, da es Beobachter (ein Publikum, Journalisten, Wissenschaftler etc.) gibt, die entweder in Angst und Schrecken versetzt werden oder sich willig als Sympathisanten an der Inszenierung beteiligen sollen. Auf jeden Fall steht dieses Publikum vor einem psychologischen Dilemma: Entweder es erkennt die o. g. Mehrdeutigkeiten, Paradoxien und Irritationen in der Inszenierung von Terrorismus als solche, oder es versucht, dieser Ambiguität mit komplexitätsreduzierenden, vereinfachenden Schemata zu begegnen (vgl. Frindte, 2010, 42).

Ausgehend von dem in dieser Arbeit erarbeiteten Verständnis von terroristischen Kommunikationsstrategien werden in den Kapitel 6 und 7 die terroristischen Organisationen RAF und „IS“ anhand folgender Kategorien untersucht: Wie in diesem Kapitel herausgearbeitet, kann von einer terroristischen Kommunikationsstrategie dann gesprochen werden wenn: *erstens*: eine bewusste Verbreitung von Angst und Schrecken durch die Taten erzeugt wird, *zweitens*: durch die Taten bewusst der anvisierte Feind provoziert und zu einer Überreaktion herausgefordert wird und *drittens:* durch die Taten versucht wird, Sympathisanten zu generieren und zu rekrutieren. Weitere Kriterien sind in der Droh-, Ereignis- und Erklärungskommunikation zu finden. Darüber hinaus kann von einer Kommunikationsstrategie nur dann gesprochen werden, wenn die Taten als strategisch zu bewerten sind. Dies bedeutet, dass eine bewusste strategische Motivation im Vorfeld einer Tat vollzogen wurde. Werden Terroranschläge in der Absicht ausgeführt, bestimmte Rezipienten und Wirkungen erreichen zu wollen bzw. zeigen sich Veränderungen der Strategie, um mehr Rezipienten mit den Taten zu erreichen, kann dies als Indiz einer Kommunikationsstrategie verstanden werden. Zufällige oder spontane Vergeltungsattentate sind in diesem Sinn nicht als strategisch zu betrachten. Als letzte Kategorie ist die Einbeziehung von Medien festzustellen. Denn zu einer terroristischen Kommunikationsstrategie gehört immer auch der Aspekt der medialen Verwertbarkeit der Taten. Treffen die hier aufgeführten Kategorien bei einer terroristischen Tat zu, kann von einer Kommunikationsstrategie der jeweiligen terroristischen Organisation gesprochen werden. Wenn somit die hier genannten Kriterien erfüllt sind, muss eine terroristische Kommunikationsstrategie angenommen werden. Durch den Vergleich von RAF und „IS“ veranschaulicht diese Arbeit, dass diese Kategorien unabhängig von der Ideologie anwendbar sind.

Inwieweit von einer Symbiose zwischen Medien und Terrorismus gesprochen werden kann, wird das folgende Kapitel 5 erläutern. Darüber hinaus werden auch die Veränderungen der Berichterstattung sowie der Stellenwert der neuen Medien im Fall des „IS“ im Blickpunkt der Untersuchung stehen.

5 Terrorismus in den Medien

Wie bereits beschrieben, spielen Massenmedien im Kontext des Terrorismus als Kommunikationsstrategie eine tragende Rolle. In unserer Welt der Massenkommunikation ist der Kampf um die „Herzen und Köpfe" des Publikums eine Auseinandersetzung, die sich zu einem erheblichen Teil im medialen Raum abspielt. Um die Massen zu mobilisieren, müssen Terrororganisationen die Medien beeinflussen. Die Manipulation hat zentrale Bedeutung für die von den Akteuren verfolgte Kommunikationsstrategie.

Deswegen ist es notwendig, das Verhältnis von Terrorismus und Medien genauer zu untersuchen. Es ist in der Literatur bereits gut erfasst. Da die Grundabsicht des Terrorismus definitionsgemäß (siehe Kapitel 2) in der Kommunikation politischer Anliegen besteht, bedarf es neben dem Sender (dem Terroristen) eines Empfängers (diverse Adressaten oder Zielgruppen), der über ein Medium eine kodierte Information erhält und seinerseits versucht, diese zu dekodieren. Dabei ist es durchaus möglich, dass auch das Medium – nämlich dann, wenn es nicht eine Plattform ist, die wie das Internet ungefilterte Selbstdarstellung ermöglicht, sondern ein Fernsehsender oder eine Zeitung mit redaktionellen Prozessen – die Information für selbst dekodiert, auswertet, neu kodiert und erst dann an den eigentlichen Empfänger sendet, der wiederum die neue Botschaft dekodieren muss. Anschließend wird von diesem eine Reaktion erwartet, welche die Kommunikation vervollständigt (Kaschner, 2008, 248).

In Deutschland ist die Nutzung moderner Medien durch Terroristen explizit im Deutschen Herbst 1977 in Erscheinung getreten. Anhänger der RAF instrumentalisierten alle Medienformen, um ihre Taten und Forderungen bekannt zu geben. Ausgehend von der Annahme, dass Terrorismus eine Form symbolischer Gewalt ist, die als Zeichen, als Botschaft verstanden werden muss, so dienen die Medien nicht nur als Mittel zum terroristischen Zweck. Sie sind vielmehr integral für das terroristische Kalkül. Ohne die Reflexion der Aktionen in den Medien wird dieses Kalkül zusammenbrechen (vgl. Waldmann 2005, 93). Auch wenn Terrorismus als „politische Gewalt" (Hoffman, 2006, 37) anzusehen ist, schiebt sich in der Berichterstattung der Massenmedien die ästhetisch-inszenatorische Dimension des Terrorismus doch derart in den Vordergrund, dass Terroristen sich in ihrer „Öffentlichkeitsarbeit" häufig wie „moderne Entertainer" (Wördemann, 1977, 15) verhalten und – wie Brian Jenkins anmerkt – ein spektakuläres Theater des Schreckens inszenieren: „Terrorism is theatre." (Jenkins, 1975, 16.)

Die enorme Präsenz des Terrorismus in den Massenmedien droht jedoch seine entsetzliche Gewalt zu bagatellisieren, da eine kommerzialisierte, an den Unterhaltungs- und Konsumbedürfnissen eines unpolitischen Publikums orientierte Berichterstattung weder der politischen Dimension noch den Opfern des Terrorismus gerecht wird. Die Medien haben demnach eine zentrale und ausschlaggebende Rolle bei der Kommunikation von terroristischen Akten. Hierbei sind zwei kommunikative Nutzungsstrategien voneinander zu unterscheiden: *Erstens* werden die Medien als Verbreitungsinstrument genutzt. *Zweitens* gehört zu dieser Nutzung eine Art der Machtdemonstration durch die Terroristen. Letzterer Punkt führt zu einem weiteren für Terrorismus als Medienereignis wesentlichen Aspekt: der stigmatisierenden Umdeutung der Handlungen. So liegt im Anders-Verstehen der Tat die größte Gefahr. Es kann als kommunikative Niederlage verstanden werden, wenn die Deutung der Tat durch die Medien im Sinne der Terroristen falsch übermittelt wird (vgl. Bronner, 2012, 132).

Wenn Medien eine elementare Rolle bei der Übermittlung von terroristischen Botschaften spielen, heißt das, sie arbeiteten als Sprachrohr für terroristische Organisationen?

Das Dilemma der Medien besteht darin, dass indem sie über Terroranschläge oder auch über bloße Terrorrisiken berichten, ein basales Ziel von Terroristen erfüllt wird: Eine breite Öffentlichkeit nimmt Kenntnis von Taten oder der Androhung von Taten. Dem Vorwurf, dass Medien mit einer inszenierten Berichterstattung terroristischen Absichten zum Erfolg verhelfen, ist entgegenzusetzen, dass die Verantwortlichen nicht die Wahl haben, über Terroranschläge zu berichten oder zu schweigen. Anhand festgelegter Nachrichtenfaktoren wird selektiert, was zur Nachricht wird und was nicht. Allerdings bleibt die

Entscheidung, wie über Vorfälle berichtet wird, also wie terroristische Aktionen medial inszeniert werden. Die wirksame Inszenierung des Terrorismus bemisst sich also nicht nur an der symbolhaften und spektakulären Gewaltperformance und schließt auch nicht nur die mediale Aufführung durch Journalisten und Medienmacher ein. Sondern an der Inszenierung sind die Akteure und Sympathisanten des Terrorismus, die Ziele, die Opfer, die politischen, wissenschaftlichen und Alltags-Beobachter und die Medien gleichermaßen beteiligt. Nur so erhält der Terrorismus seine Form und Wirkung (vgl. Klimke, 2002).

Der Angriff auf die Repräsentationsmacht der Staatsapparate muss somit in modernen Demokratien über die Kommunikationskanäle der Medien erfolgen, die in Massengesellschaften Öffentlichkeit herstellen und steuern (vgl. Meyer, 2001, 77). Beispielsweise hat die massive Berichterstattung über die spektakulären Anschläge des 11. Septembers 2001 Al-Qaida wahrscheinlich die Öffentlichkeit verschafft, sodass die Gruppierung ihre politisch-religiösen Botschaften als „erstes welthistorisches Ereignis“, dem Milliarden von Menschen in Echtzeit beiwohnten, zu inszenieren. Gerade Terrororganisationen wie die RAF, die über keinen eigenständigen Medienapparat verfügten, waren auf mediale Berichterstattung angewiesen, um ihre Ziele zu propagieren und beim Gegner Angst und Schrecken zu erzeugen, weshalb sie ein „symbiotisches Verhältnis“ (Elter, 2008, 272) mit den Massenmedien eingegangen sind[11]. Oppositioneller Terrorismus kann sich daher nur in Staaten mit einer (wenn auch rudimentär) entwickelten Öffentlichkeit entfalten (vgl. Laqueur, 2003, 21). Reagieren liberale Gesellschaften auf die mediale Präsenz von Terrorismus mit einer Einschränkung der Öffentlichkeit und mit Zensur, untergraben sie die normativen Grundlagen ihres eigenen demokratischen Institutionengefüges, in dem (im Idealfall) die Öffentlichkeit die Überwachung und Kontrolle der Staatsapparate übernimmt. Die in rechtsstaatlicher Hinsicht bedenklichen Einschränkungen der Öffentlichkeit, die zum Beispiel

11 Der „IS“ ist dabei nur in Teilen auf herkömmliche Medien (Print, Fernsehen, Radio) angewiesen, da die Nutzung des Internets keinerlei Filterungen durch Journalisten durchlaufen muss. Darüber hinaus verfügt der „IS“ über einen hochprofessionell organisierten Medienapparat, welcher zur Verbreitung von Propaganda und zu Rekrutierung dient.

im „Deutschen Herbst“[12] in der BRD bzw. nach dem 11. September 2001 in den USA von den jeweiligen Regierungen als Reaktion auf terroristische Akte veranlasst wurden, führten in beiden Fällen zwar nicht zu einem Umkippen der Demokratien in totalitäre Staatswesen. Doch büßten die staatlichen Institutionen durch ihre unsouveränen, hektischen und mitunter hysterischen Reaktionen auf den Terrorismus Vertrauen bei der Bevölkerung ein und spielten so den Absichten der Terroristen in die Hände (vgl. Bronner, 2012, 17 ff.). Um diese durch terroristische Kommunikationsstrategien ausgelöste Selbstzerstörung der offenen Gesellschaften zu vermeiden, müssen die politischen Anliegen der Terroristen in der demokratischen Öffentlichkeit argumentativ delegitimiert werden.

Die häufig angesprochene Symbiose zwischen Medien und Terrorismus ist daher offensichtlich. Beide Teile dieser Beziehung können dabei einen Nutzen vom jeweils anderen haben. In der Logik der Medien besitzen terroristische Akte mehrere positive Eigenschaften: Das Berichten über diese Form der Gewalt generiert enorme Einschaltquoten oder verkaufte Druckexemplare und deckt mehrere Nachrichtenwerte[13] gleichzeitig ab. Die Terroristen sind ebenfalls auf die Aufmerksamkeit der Medien angewiesen, da sie dadurch vermehrte Resonanz in der Öffentlichkeit erfahren können (vgl. Linder, 2011, 62). Die Fokussierung auf terroristische Ereignisse lässt sich auch durch die Ausrichtung der Massenmedien begründen. Angesichts von Wettbewerb und Geschwindigkeit sehen sich die Verantwortlichen in den Medien ständig unter dem Druck, neue Informationen und Themen zu präsentieren, um das Publikum für sich zu gewinnen. Nachrichtenwerte wie Außergewöhnlichkeit, Dramatik und „human interest“ tragen entscheidend zum Stellenwert eines Ereignisses bei. Diese Merkmale sind bei der Terrorismusberichterstattung wirksam.

12 Als Deutscher Herbst wird die Zeit und ihre politische Atmosphäre in Westdeutschland im September und Oktober 1977 bezeichnet, die geprägt war durch Anschläge der RAF.

13 Die Nachrichtenwert-Theorie, die in ihren Grundlagen von Walter Lippmann bereits 1922 entwickelt wurde, hat sich in den letzten Jahrzehnten als eine Grundlage von empirischen Analysen der Berichterstattung etabliert. Ihr zentraler Nutzen besteht in der Erklärung dreier prinzipieller Sachverhalte, welche Nachrichtenmeldungen in den untersuchten Medien entscheidend auszeichnen: die Auswahl der Nachrichten selbst, deren Platzierung und Umfang (Kepplinger, 2000 55).

In kurzer Zeit kann viel Aufmerksamkeit hergestellt werden (Münkler, 2006, 204). Im Hinblick auf die Kommunikationsstrategien von terroristischen Organisationen spielen Medien somit eine tragende Rolle.

Massenmedien präsentieren zwar dem Zuschauer viele und vor allem einprägsame Bilder, agieren allerdings dennoch als Filter. Terroristische Anschläge sind für die Medien ein Ereignis, über welches informiert werden muss, jedoch nicht in unbeschränktem Maß. Die Autorin Louise Richardson hat in ihrem Werk „Was Terroristen wollen" (Richardson, 2007) sehr eindrucksvoll herausgearbeitet, dass es für die Täter nichts Schlimmeres gäbe als ignoriert zu werden, da sie ihre Aktionen so gestalten, um größtmögliche Aufmerksamkeit zu erlangen.

In der wissenschaftlichen Literatur lassen sich vier Formen der Mediennutzung durch Terroristen herausstellen: Propagandaplattform, Informationsbeschaffung, Erpressung sowie Manipulation. Erstere Form beschreibt die Nutzung der Medien zur Verbreitung der terroristischen Botschaft (Angst, Druck, Ermutigung). Hierbei sind auch die verschiedenen Empfängergruppen zu beachten. Neben Politikern und Gesellschaft ist auch die eigene Unterstützergruppe hier zu nennen. Terroristen können zudem gezielt Medien nutzen, um Daten über Personen und Schauplätze sowie tagesaktuelle Informationen über Polizei und Regierungsstrategien zu sammeln (Informationsbeschaffung).

Zusammenfassend lässt sich feststellen, dass terroristische Akte so verübt werden, dass die Funktionsweisen von Massenmedien maximales Medienecho garantieren. Medien werden von Terroristen manipuliert, ebenso manipulieren aber auch die Medien die Terroristen. Terroristen müssen daher immer mehr Energie und Mittel in den „Eventcharakter" (Glaab, 2007, 31) investieren, damit über sie berichtet wird, was oft dazu führt, dass das eigentliche Ziel in den Hintergrund tritt. Wie von vielen Terrorismusforschern skizziert, sind Medien und Terroristen in einer Art „Zwangsehe" (ebd., 45) gefangen, in der beide auch aufeinander angewiesen sind. Dieser Mechanismus wird in einer Presse- und Medienlandschaft ohne Zensur auch nicht außer Kraft zu setzen sein. Die Kommunikationsstrategie Terrorismus ist daher zur vollen Entfaltung ihrer psychologischen Wirkung auf die Verbreitung durch Massenmedien angewiesen und hat in der logischen Konsequenz auch mit der Herausbildung und Entwicklung der modernen

Massenmedien eine bis dato nie dagewesene Qualität und Quantität erreicht (vgl. Waldmann, 1998).

Systematische und umfassende Analysen zu den terroristischen Erwartungen an Medien finden sich in der wissenschaftlichen Literatur kaum. Dieser Mangel ist vor allem auf die Schwierigkeit der Datenerhebung zurückzuführen: Interviews mit Terroristen über ihre Medienpolitik oder über ihre Position zu Massenmedien sind selten. Vielmehr lassen sich Informationen aus Erinnerungsliteratur ausgestiegener Terroristen, programmatische Schriften, Briefe oder das beobachtete Vorgehen und Verhalten selbst herausfiltern.

5.1 Veränderungen der Berichterstattung

Nachrichtensendungen, die ohne Berichte über Terrorismus oder Krieg auskommen, scheint es heutzutage fast nicht mehr zu geben. Das ist eine zwiespältige Entwicklung, denn häufig zielen die Täter gerade auch auf die Berichterstattung in den Massenmedien ab, um Angst und Schrecken in der Bevölkerung und bei Regierungen auszulösen. Denn der Terrorismus enthält alle Elemente für gute Schlagzeilen oder eine gute Story: Die Staatsmacht wird herausgefordert, die soziale Ordnung gestört, ein Verbrechen verübt, die Opfer sind eventuell bekannt und die Grausamkeit der Tat ist berichtenswert. Zudem sind Terrorakte meist kurz, dramatisch und bildstark, also ideal für eine Berichterstattung geeignet (vgl. Glaab 2012, 81).

Während noch bis Mitte des vergangenen Jahrhunderts überwiegend Pamphlete, Flugblätter oder Untergrundzeitungen eine wichtige Funktion in der Terrorkommunikation übernahmen, sorgten ab Anfang der 1970er Jahre zunehmend die audiovisuellen Medien für die gewünschten Multiplikationseffekte nach verübten Anschlägen (vgl. Glaab 2012, 90).

Es zeigt sich im Rückblick, dass die Berichterstattung über terroristische Attentate, Entführungen und Erpressungen mit der Einführung des Fernsehens stark zugenommen haben. Eine völlig neue Dimension erreichte diese Berichterstattung sicherlich in der Bundesrepublik Deutschland im „Deutschen Herbst“ 1977. Terroristische Attentate der

RAF nahmen einen breiten Raum in den Medien ein. Damals waren die Nachrichtensendungen von den Aktivitäten der RAF beherrscht.

1968 ging der erste Fernsehsatellit in den USA auf Sendung, damit wurde die Nachrichtenübertragung von den lokalen Stationen in die Zentralen um ein Vielfaches schneller und einfacher. Die 1970er-Jahre brachten zahlreiche weitere Neuerungen in der Übertragungstechnik. Durch tragbare Kameras und Videorecorder wurden Live-Übertragungen von jedem Ort der Welt möglich. Das führte dazu, dass die redaktionelle Bearbeitung reduziert wurde, was wiederum die kritische Distanz zum Berichteten verringerte. Denn Terrororganisationen haben sich bisher oft als *early adopter* neuer Technologien gezeigt. Als beispielsweise die palästinensische Terrorgruppe „Schwarzer September" während der Olympischen Spiele 1972 in München israelische Athleten als Geiseln nahm, profitierte sie von der Liveübertragung dieses Sportgroßereignisses. Auch die Bilder der Terroranschläge vom 11. September 2001 bündelten die Aufmerksamkeit von Medien weltweit und erhielten durch Echtzeitberichterstattung und exzessive Wiederholungen ikonischen Charakter. In den Stunden und Tagen nach den Anschlägen in New York und Washington erreichten diese immer ähnlichen Fernsehbilder ein Milliardenpublikum. Um ihre Botschaft in die ganze Welt zu tragen, mussten die Terroristen des 11. Septembers weder eine konkrete Botschaft noch einen Forderungskatalog lancieren, wie wir ihn von RAF, IRA oder ETA kennen. Die Symbolik der Bilder reichte aus. Überall auf der Welt wurde gezeigt, wie zwei Passagierflugzeuge in die Zwillingstürme in NYC und ins Pentagon rasten.

Dennoch beschränkt sich Terrorismus-Aktivität nicht nur auf die „Produktion" eindrucksvoller Bilder. Auch die Berichterstattung vom Tatort befindet sich im Wandel. Überwachungskameras liefern Bilder von Anschlagsorten, wie dies etwa bei den Attacken auf Londoner U-Bahnen und Busse im Juli 2005 oder auf den Flughafen und eine U-Bahnstation in Brüssel im März 2016 der Fall war. Smartphones ermöglichen darüber hinaus Bild- und Videoaufnahmen durch Augenzeugen, noch bevor journalistische Kamerateams am Ort sein können.

Darüber hinaus lässt sich zunehmend beobachten, dass die klassischen Medien durch das Internet das Monopol über die Verbreitung wichtiger internationaler Nachrichten verlieren. Neue Akteure können nun durch die direkte Kommunikation im Internet Nachrichteninhalte herstellen, verbreiten und somit auch den öffentlichen Diskurs beeinflussen. Dies hat einen starken Einfluss darauf, wie Journalisten kommunizieren, wie sie ihre Beiträge herstellen, ihr Material verbreiten und mit ihrem Publikum interagieren, damit ihre Beiträge in der digitalen Welt noch wahrgenommen werden. Die Möglichkeit zur Produktion und Distribution eigener multimedialer Inhalte hat ein bisher unbekanntes Gegengewicht zu den Mainstream-Medien geschaffen – eine Situation, von der Terroristen maßgeblich profitieren (vgl. Bosco, 2016 120).

Terroristische Organisationen und insbesondere der „Islamische Staat" liefern hier anschauliche Beispiele. Das Internet als ortloses und zudem preisgünstiges Medium, das sich der staatlichen Kontrolle noch weitestgehend entzieht, ist der geeignete Platz im Kampf um die Bilder und um die Meinung der Öffentlichkeit.

Obwohl sich das Internet nur bedingt für operative Zwecke eignet, ist es heute ein probates und unverzichtbares Mittel der Außenkommunikation. Es fordert Nachahmer zu eigenen Taten auf und dient der Verbreitung von Propaganda. Während zur Zeit der RAF alle „Veröffentlichungen" (Bekennerschreiben, Videos, Fotos von Geiseln, Propagandapamphlete etc.) für ihre Verbreitung den Filter der Medien passieren mussten, können terroristische Gruppierung wie der „IS" ihre Botschaften direkt und ohne Zensur oder redaktionelle Interventionen im Internet verfügbar machen. Damit erreichen sie in der Regel bereits sehr viele Menschen, zusätzlich ist es jedoch sehr wahrscheinlich, dass die etablierten Medien über ihre Aktivitäten im Internet berichten (vgl. Elter, 2008, 147).

5.2 Stellenwerte neuer Mediennutzung

Der verbreitete Fehleindruck, die Kommunikationsstrategie des „IS" sei völlig neu, ist einem Phänomen geschuldet, das als „kommunikationstrategische Evolution" (Tinnes, 2012. 20) bezeichnet werden kann. Terrororganisationen lassen sich sowohl in kommunikationstechnologischer als auch in propagandistischer Hinsicht als Avantgardisten bezeichnen. Um höchstmögliche Aufmerksamkeit zu generieren und möglichst viele Rezipienten zu erreichen, machen terroristische Organisationen von den jeweils modernsten Kommunikationstechnologien Gebrauch und beschreiten auch bei der Propaganda der Tat häufig innovative Wege, durch die sie sich von ihren Vorgängern abzuheben versuchen. Ein bereits angesprochener kommunikationstechnologischer Quantensprung war die Etablierung des Internets. Durch diese neuen Medien haben sich nicht nur die Erzeugung und Bearbeitung von terroristischen Publikationen weiter vereinfacht, sondern Terroristen haben erstmals ein Werkzeug erhalten, um ihre Produktionen eigenständig- und somit unabhängig von den Mainstream-Medien an einen globalen Adressatenkreis verbreiten zu können. Den Stellenwert des Internets für terroristische Kommunikation belegt unter anderem die Tatsache, dass militante Islamisten[14] für ihre Online- Aktivitäten eigens einen Begriff geschaffen haben: elektronischer Jihad (kurz E-Jihad). (vgl. Tinnes, 2010, 164). Experten, die sich mit modernem Terrorismus befassen, vertreten die einhellige Meinung, dass das Internet ein wichtiges und effektives Werkzeug für zeitgenössische Terroristen ist. Mit schätzungsweise 3.407.724.920[15] (Stand März 2016) Nutzern ist das globale Netzwerk das umfangreichste Informations- und Kommunikationsmedium der Welt. Terrororganisationen und ihre Sympathisanten nutzen alle gängigen Internetdienste für ihre Zwecke und profitieren wie alle anderen Nutzergruppen von den einzigartigen Eigenschaften des Internets (vgl. Rogan, 2006, 9). Abschließend kann somit gesagt werden, dass durch die Etablierung des Internets eine neue Form der Kommunikation in das terroristische Geschehen Einzug gehalten hat. Inwieweit das Internet bei der Kommunikationsstrategie terroristischer Organisationen beiträgt wird im weiteren Verlauf dieser Arbeit näher untersucht.

---

14 Islamismus bezeichnet dasselbe wie die ebenfalls verbreiteten Begriffe „politischer Islam“, „islamistischer Fundamentalismus“. Hinter diesen Termini steht die Forderung, das gesamte private und öffentliche Leben müsse durch den Islam bestimmt werden, und die Behauptung, für jedes in der Gesellschaft auftretende Problem könne eine religiöse fundierte Lösung bereitgestellt werden. Diese Einstellung geht auf die Überzeugung zurück, dass der Islam sowohl Religion als auch ein politisches System sei (Steinberg, 2005 16).

15 vgl. Statista, URL: https://de.statista.com/statistik/daten/studie/186370/umfrage/anzahl-der-internetnutzer-weltweit-zeitreihe/.

6 Rote Armee Fraktion

Mehr als zwei Jahrzehnte lang war die Rote Armee Fraktion der Inbegriff von Terror, Gewalt und Mord in der Bundesrepublik Deutschland. Die Geschichte der RAF lässt sich in mehrere Phasen unterteilen. Die Geschichtsschreibung nimmt insgesamt die Existenz von drei unterschiedlichen Generationen an. 1970 gründete sich die RAF, nach der Befreiung von Andreas Baader aus der Haft, und löste sich 1998 – nach 28 Jahren – selbst auf. Der RAF werden insgesamt 34 Morde, zahlreiche Banküberfälle und Sprengstoffattentate zur Last gelegt. Dabei vollzog die RAF im Lauf der Jahre eine Wandlung vom Erklärungsterrorismus zum Handlungsterrorismus (vgl. Kraushaar, 2007).

Das Konstrukt *linke Szene* erfasst Anhänger der RAF und der unterschiedlichen Bewegungen sowie die Zeitströmungen zwar nur unzugänglich, da es jedoch nie eine Sammlungsströmung, sondern oft bis ins Mikroskopische zersplitterte einzelne Organisationen und Gruppen gab, dient dieser Begriff hier zur Abgrenzung vom Milieu *bürgerliche Mitte*. Beide Begriffe sind hier nicht als empirisch gesicherte sozialwissenschaftliche Definitionen, sondern allgemeinsprachlich zu verstehen. Ebenso wenig ist die linke Szene mit der Sympathisantenszene identisch, auch wenn sich spätere RAF-Sympathisanten und Aktivisten der zweiten und dritten Generation aus der linken Szene rekrutierten.

Die Ideologie der RAF betrifft grob zwei Kategorien: die Gesellschaftskritik und zum anderen in die Revolutionstheorie. Die Gesellschaftskritik baut sich ebenfalls aus zwei Elementen auf: die Ablehnung des Gesellschaftssystems der BRD und die Imperialismus-Kritik. In der Ablehnung des Gesellschaftssystems geht es hauptsächlich um die sozialen Missstände der BRD und andere gesellschaftliche Mängel. Zur Imperialismus-Kritik gehört die Kritik am Kapitalismus, der seine Profite durch Unterwerfung und Ausbeutung der Dritten Welt Länder erreiche. Die Industrieländer errichten nach der Auffassung der RAF Monokulturen in den Ländern der Dritten Welt, welche vom Weltmarkt abhängig sind und somit auch von den Industrieländern. Dieses Teil der Kritik war am wirkungsvollsten und überzeugte auch viele Menschen. Die Gesellschaftskritik ergab, dass Proletariat und kommunistische Parteien versagt haben. Deshalb müsse ein neues revolutionäres Subjekt an ihre Stelle treten.

Die Protestdemonstrationen gegen den Besuch des Schahs von Persien in West-Berlin markierten den Anfang einer Entwicklung, deren Ausläufer zum Terrorismus führten (vgl. Hobe, 1977, 25). Ein Meilenstein der Radikalisierung und in dem Prozess der Gründung der RAF war der Tod von Benno Ohnesorg während der Proteste gegen den Schah im Jahr 1967[16].

Angesichts der Masse an Publikationen möchte ich im Folgenden lediglich auf die für diese Arbeit relevanten Aspekte eingehen, sowie die größten Eckpfeiler der RAF aufzeigen.

6.1 Geschichte der RAF

In den 1970er-Jahren wurde die BRD zum Schauplatz einer Serie terroristischer Anschläge: Angriffe auf öffentliche Gebäude und Einrichtungen, Überfälle auf Sparkassen und Banken und Mordanschläge. Als Urheber gelten drei Gruppierungen: die RAF, die Bewegung 2. Juni und die Revolutionären Zellen (RZ). Als einflussreichste der drei Gruppierungen erwies sich die RAF. Sowohl hinsichtlich der Intensität und Öffentlichkeitswirksamkeit der Anschläge als auch der Produktion von ideologischen Texten und Rechtfertigungsschreiben übertraf sie die anderen Gruppierungen deutlich. Es handelte sich dabei um eine Organisation, die mit einer zentralistischen Struktur und strenger Disziplin Terrorismus als Kommunikationsmittel einsetzte (vgl. Umlauf, 2008, 197).

Als Vorläufer der RAF gilt die nach dem Kaufhaus-Brandstifter Andreas Baader und der Journalistin Ulrike Meinhof benannte Baader-Meinhof-Gruppe. Nach den Studentenrevolten der 1960er-Jahre rich-

16 In Berlin wird bei einem Polizeieinsatz gegen Anti-Schah-Demonstranten der Student Benno Ohnesorg am 2. Juni 1967 tödlich von einer Kugel in den Hinterkopf getroffen. Der 40-jährige Polizeiobermeister Karl Heinz Kurras behauptet, dass er in Notwehr von der Schusswaffe Gebrauch gemacht habe.

tete diese „erste Generation" ihre Gewalttaten bis 1972 vor allem auf US-amerikanische Einrichtungen. Diese sogenannte erste Generation bestand vorwiegend aus begabten Studenten oder Hochschulabsolventen aus bürgerlichen Familienverhältnissen. Die Gruppe verortete ihre Wurzeln in der studentischen Protestbewegung. Doch hielten die Mitglieder deren Protestformen für nicht hinlänglich durchsetzungsfähig. Gesellschaftliche und politische Veränderung sollte somit durch physische Gewalt vorangetrieben werden. Die RAF sah sich dabei als ein Teil einer internationalen Front gegen Faschismus, Imperialismus und Kapitalismus. Da diese Entwicklungen nach Ansicht der RAF von der Bevölkerung nicht erkannt wurden, war es das Ziel, sie aufzuklären und zur Revolution gegen diese Verhältnisse zu bewegen. Die RAF sah sich somit in der Position einer aufklärerischen Avantgarde.

Die Mitglieder der RAF fassten sich selbst in den frühen 1970ern nicht als Terroristen auf, sondern in Anlehnung an südamerikanische Vorbilder als Guerillagruppe.[17] Eine Woche nach der Befreiungsaktion Andreas Baaders erschien in der linksradikalen Zeitschrift *„agit 883"* die erste öffentliche Erklärung der RAF unter dem Titel „Die Rote Armee aufbauen" (vgl. zit. nach Hoffmann, 1997, 24 ff.). Wenig später reiste die Gründungsgruppe für zwei Monate in den Nahen Osten, um sich von Einheiten der palästinensischen Befreiungsorganisation El Fatah[18] militärisch ausbilden zu lassen. Spätestens zu diesem Zeitpunkt muss von einer terroristischen Gruppe gesprochen werden (vgl. Langguth, 1983, 203 ff.). Anschläge auf den Axel Springer Verlag[19] wegen der „Hetze auf die RAF und die Studentenbewegung" bzw. wegen seiner kapitalistischen Struktur folgten. Am Höhepunkt, des sogenannten

---

17 In der vorliegenden Arbeit wird die RAF trotz ihres Selbstverständnisses als terroristische Organisation bezeichnet, vor allem aus dem Grund das Mitte der 1970er Jahre mehr und mehr von ihrem Vorbild der Stadtguerillaorganisation entfernte und sich zu einer terroristischen Organisation entwickelte.

18 bezeichnet eine palästinensische Partei, die in dem Palästinensischen Autonomiegebieten aktiv ist. Bei ihrer Gründung im Jahr 1959 war die Fatah eine reine Guerillagruppierung, die mit bewaffnetem Kampf und terroristischen Anschlägen für die Unabhängigkeit der Palästinensergebiete und die Zerstörung Israels kämpfte.

19 Am 19. Mai 1972 gingen im Hamburger Axel-Springer-Haus mehrere Bomben hoch. Obwohl es zuvor mehrere Warnanrufe gegeben hatte, war das Gebäude nicht geräumt worden. Bilanz: 17 Verletzte.

Deutschen Herbst 1977, wurde nicht nur Hanns-Martin Schleyer[20] entführt, sondern ebenso ein Flugzeug der Lufthansa mit Urlaubern von einem solidarisierten palästinensischen Kommando. Auch diese Aktion sollte zur Freilassung von elf RAF-Gefangenen führen. Unmittelbar nach der Befreiung der Geiseln durch die GSG 9 wurden die in der JVA Stuttgart-Stammheim inhaftierten RAF-Mitglieder Baader, Ensslin und Raspe tot aufgefunden. Ulrike Meinhof war bereits 1976 gestorben.

6.1.1 Erste Generation

Die Geschichte der ersten Generation der RAF lässt sich in drei Phasen unterteilen: die Entstehungsphase, die Konsolidierungsphase und die Aktivitätsphase (Eltner 2008, 9). Insgesamt lässt sich die historische Entwicklung der ersten Generation nur im Kontext der mannigfaltigen und sehr heterogenen sozialen und politischen Strömungen der 1960er-Jahre verstehen, die hier bereits skizziert wurden. In der Literatur wird die Gründung von linksterroristischen Organisationen zu Beginn der 1970er-Jahre in den Bundesrepublik relativ einhellig als Zerfallsprodukt der sich auflösenden Studentenbewegung definiert (vgl. Backes, 1998, 149). Als erste Generation der RAF gilt die Gruppe, die sich ab 1970 im Umkreis der zentralen Figuren Andreas Baader, Gudrun Ensslin und Ulrike Meinhof bildete. Bis Ende 1974 war diese Gruppe für zahlreiche Banküberfälle und für Bombenanschläge auf amerikanische Militäreinrichtungen, deutsche Sicherheitsbehörden und ihre Vertreter sowie Medienunternehmen mit einer Gesamtbilanz von vier Toten und 41 Verletzten verantwortlich (vgl. Daase, 2007).

Am 28. April wurden Andreas Baader, Gudrun Ensslin und Jan-Carl Raspe wegen mehrfachen vollendeten und versuchten Mordes, der Herbeiführung von Sprengstoffexplosionen und der Beteiligung an einer kriminellen Vereinigung als Mitglied zu lebenslangen Freiheitsstrafen verurteilt (vgl. Geiss, 2002 1091).

---

20 Hanns Martin Schleyer war ein deutscher Manager und Wirtschaftsfunktionär. Von 1973 bis 1977 war er deutscher Arbeitgeberpräsident und seit 1977 Vorsitzender des Bundesverbandes der Deutschen Industrie (BDI). Seine Entführung und Ermordung durch die RAF gilt als Höhepunkt des deutschen Herbstes.

6.1.2 Zweite Generation

Aus dem Kreis der Sympathisanten, welcher sich durch die Stammheimprozesse[21] vergrößerte, hatte sich nach der Verhaftung der alten Führungsspitze 1972 eine zweite Generation entwickelt. Die RAF-Gefangenen betrachteten sich dabei als „Gefangenen-Teil der Guerillaorganisation RAF". Dabei wurde auch aus der Haft heraus der Kampf gegen den gehassten Staat geführt. Vorrangiges Ziel der zweiten Generation war aber nicht die Bekämpfung des Systems bzw. des Staates, sondern die Befreiung der ersten Generation, um dann den Kampf gegen die freiheitliche demokratische Grundordnung in Deutschland weiterzuführen (vgl. Pflieger, 2007, 41). Dazu gehörte neben dem Agitationsthema „Isolationsfolter" vor allem das Mittel der Nahrungsverweigerung. Die Folgezeit ist daher vor allem durch Aktionen der Gefangenen geprägt. Das Jahr 1977 ist als Hochphase der RAF zu deuten. In diesem Jahr fanden die Entführung des Arbeitgeberpräsidenten Hanns Martin Schleyer und der Lufthansa- Maschine *Landshut* sowie die Ermordung von Buback, Schleyer und Ponto statt.

6.1.3 Dritte Generation

Nach 1977 war die RAF zunächst nicht mehr aktiv. Es wurde bereits vermutet, dass das Scheitern der Aktionen und vor allem der *„Big Raushole"*[22] das Ende der Gruppe bedeutete. Dennoch entwickelte sich eine dritte Generation. Ihre ersten Jahre waren bis auf die fehlgeschlagenen Attentate auf den europäischen NATO-Oberbefehlshaber Alexander Haig und den Oberkommandierenden der US-Streitkräfte General Frederick Kroesen sowie das Bombenattentat auf das Europa-Hauptquartier der US Air Force geprägt vom Leben im Untergrund und auf der Flucht (vgl. Elter, 2008, 208). Im Jahr 1982 veröffent-

21 Stammheim ist ein Stadtteil im Stuttgarter Norden. Hier fand der erste große Prozess gegen die RAF statt, dem später noch viele andere vor dem 2. Senat des Oberlandesgerichts folgten.

22 Big Raushole" haben die Terroristen ihre Aktion getauft, mit der sie elf inhaftierte RAF-Mitglieder – darunter Andreas Baader, Gudrun Ensslin und Jan-Carl Raspe – aus dem Gefängnis in Stammheim freipressen wollten.

lichte die RAF das so genannte *Mai Papier*[23], in dem sie eine Änderung ihrer Zielsetzungen ankündigte. Da die Ziele der zweiten Generation mit dem Tod der inhaftierten Mitglieder der ersten Generation hinfällig waren, kam es zu einer kompletten strategischen Neuausrichtung. Die ideologische Traditionslinie zur bisherigen RAF wurde zwar aufrechterhalten, allerdings wurden neue Aktionsstrategien entwickelt (vgl. ebd.). Festzuhalten ist, dass die dritte Generation der RAF ihre Anschläge sehr viel professioneller als ihre Vorgänger plante. Als führende Köpfe der dritten Generation sind Wolfgang Grams und Birgit Hogefeld bekannt. Sie erhielten wie andere Mitglieder der RAF auch in den 1980er Jahren Unterschlupf in der DDR (vgl. Geiss, 2002, 1091). Im Jahr 1998 verkündetet die RAF in einer „Mitteilung an die Nachrichtenagentur Reuters" ihre Selbstauflösung. Gründe dafür wurden nicht genannt.

6.2 Ziele der RAF

Die Ziele der RAF lassen sich nicht verallgemeinert skizzieren und zeigen eine gewisse Veränderung im Verlauf des Bestehens der Gruppe. Als anfängliches Ziel lässt sich sicherlich ein allgemeines Aufbegehren der gesellschaftlichen Mitte gegenüber dem Staat benennen. Wenig später konkretisieren sich die Ziele in genauen Forderungen. Nach der Gründung und der Herausbildung aus den Protestbewegungen sind die Ziele der RAF, die staatliche Ordnung und die gesellschaftlichen und wirtschaftlichen Verhältnisse in der Bundesrepublik Deutschland sowie die Nordatlantische Verteidigungsgemeinschaft (NATO) durch

23 In den „Mai-Papier" versuchte die RAF künftige Anschläge als „Angriffe auf den militärisch-industriellen Komplex" zu rechtfertigen; darüber hinaus verstand sich die Gruppe fortan als Avantgarde einer westeuropäischen „antiimperialistischen Front".

Gewalttaten wie Mord und Sprengstoffanschläge zu bekämpfen. Hintergründe dieser aggressiven Einstellung und Ausgangspunkt für die gewaltsamen Aktionen sind verschiedene Erfahrungen in den 1960er-Jahren, die von den Beteiligten als nicht hinnehmbar empfunden werden, etwa die Napalm-Bombardierungen in Vietnam durch die USA, die westliche Überflussgesellschaft als Folge des Kapitalismus, das gewaltsame Vorgehen des Staates gegen Demonstranten sowie die fehlende Aufarbeitung des Dritten Reiches und insbesondere des Holocaust (vgl. Pflieger, 2011, 15). Nach der Befreiung Andreas Baaders (14. Mai 1970) versteht sich die RAF selbst als politisch-militärische Organisation. In der BRD sieht sie eine „Metropole des Imperialismus" (vgl. Dersch, 2007, 14), die sie für den „Todfeind der Menschheit" hält. Wegen der Schwäche der revolutionären Kräfte in Deutschland sollen durch bewaffnete, gewaltsame Aktionen (Propaganda der Tat) Fanale gesetzt werden, um den potentiellen revolutionären Teil in der Gesellschaft (Proletariat) zu weiteren revolutionären Aktionen und letztlich zu dem Beginn des „Volkskrieges" zu veranlassen (vgl. Straßner, 2008, 23). Die Mitglieder der RAF sahen sich als Vorreiter einer Revolution und als Befreiungsbewegung, obwohl die Gruppe anders als in vielen anderen Ländern keine Unterstützung in der Bevölkerung hatte. Die meisten Bürger verurteilten das brutale Vorgehen der RAF, mit dem sie ihre Ziele durchsetzen wollten.

Nach Inhaftierung der ersten Generation veränderte die RAF ihre Ziele. Ursprünglich sollte die Befreiung der bundesdeutschen Arbeiterklasse vom kapitalistischen Joch dem Kapitalismus auf Weltebene einen entscheidenden Schlag versetzen und in einer Kettenreaktion zur Abschüttelung der imperialistischen Herrschaft durch die notleidenden und ausgebeuteten Massen in der Dritten Welt führen. Handlungsleitend für die zweite Generation hingegen war die Befreiung der inhaftierten Mitglieder der ersten Generation (vgl. Waldmann, 2005, 112). Die allgemeinen Ziele wurden zwar nicht verworfen, sondern vielmehr der Notwenigkeit der Befreiung der ersten Generation unterworfen.

6.3 Kommunikationsstrategien der RAF

Mehr als bei jeder bis dahin aktiven terroristischen Vereinigung liefert die Geschichte der RAF anschauliche Belege für die These von der kalkulierten Nutzung des Terrorismus als Kommunikationsstrategie. Durch die wissenschaftlich gute Aufarbeitung der Taten und Schriften der RAF lässt sich ein nahezu lückenloses Profil der Kommunikationsstrategie zeichnen.

Die terroristischen Gewalttaten sind nicht alleinstehend Mittel der Kommunikation. Besonders Bekennerschreiben, Pamphlete, Flugblätter sowie theoretisch argumentierende Texte zeigen, wie Terrorismus von der RAF als Kommunikationsstrategie eingesetzt wurde. Die Adressaten der RAF, so zeigt die Analyse der Texte, waren seit ihrer Gründung dabei nicht nur die abstrakten Größen „Volk" und „Masse", sondern immer auch die RAF selbst und damit die eigenen Mitglieder, Unterstützer und Sympathisanten. Die terroristischen und kommunikativen Akte waren somit immer auch an den Urheber bzw. Absender adressiert. Dass jegliche terroristische Handlungen einen Adressaten haben, also kommunikativ an einen Empfänger gerichtet sind, folgt aus der in dieser Arbeit erarbeiteten Definition „Terrorismus als Kommunikationsstrategie". Die Aporie der Adressierung der Bezugsgruppen der RAF zeigt sich als erstes am Abstraktionsgrad der Gewalt, der in dieser Qualität den theoretischen Texten folgt. Denn die aus der Ideologie resultierenden Feindbilder müssen, sollen sie zum Angriffsziel der Propaganda der Tat werden, durch stellvertretende Ziele mit symbolischem Charakter substituiert werden, da Systeme wie Staat, Justiz, Wirtschaft oder Militär „nicht in irgendeinem physischen Sinne angreifbar sind" (Fuchs, 2004, 45). Die Ortlosigkeit der zu attackierenden Systeme setzt deshalb eine gewisse Differenz zwischen tatsächlichem und ideologisch anvisiertem Ziel voraus, Terrorismus kann systematisch nicht direkt zuschlagen, sondern immer nur indirekt. Für die kommunikative Vermittlung der terroristischen Botschaft bedeutet das letztlich, dass der Rezipient die Transferleistung vom tatsächlichen zum anvisierten Ziel nachvollziehen kann. Für die kommunikative Vermittlung eines Anschlags hat das weitreichende Konsequenzen. Denn die Personalisierungstendenz jeglicher Berichterstattung über ein Attentat widerspricht dem Anliegen der Terroristen, dass nicht das individuelle Opfer, sondern die abstrakte Institution wahrgenommen werden soll. RAF-Bombenanschläge auf US- Einrichtungen verfolgten das Ziel, auf den Krieg in Vietnam sowie auf den abstrakten Sachverhalt „Imperialismus" aufmerksam zu machen. Die menschlichen Opfer dieser terroristischen Kommunikationsstrategie wirkten dabei gleichzeitig negativ auf diese zurück. Denn die RAF konnte sich kaum mit den Massen, die eigentlich ihr Zielpublikum waren, verständigen oder in einen Dialog treten, da die Schockwirkung die Wahrnehmung der beabsichtigten Botschaft unmöglich machte (vgl. Berendes, 2005, 51). Die Konsequenz daraus lautet somit: „Je abstrakter der Radikalismus wurde, desto geringer erschien die Möglichkeit, Motive und Ziele zu kommunizieren" (ebd., 51).

Im Fall der RAF ist angesichts ihrer Ideologie festzustellen, dass die terroristischen Akte trotzdem Kommunikation waren. Denn eine Gruppe, die über den bewaffneten Kampf ein Bewusstsein der Unterdrückung und der Notwendigkeit der Revolution in der Bevölkerung erzeugen will, ohne bisher in dieser verankert bzw. durch diese legitimiert zu sein, muss zwangsläufig in ihrem Handeln Kommunikation zum Ziel haben (vgl. Dersch, 2007, 31).

Die ersten definitionsgetreuen Terrorakte der RAF sind die Brandanschläge von Frankfurt im April 1968[24]. Bereits damals existierten klare strategische Überlegungen dazu, wie Botschaften diese Taten vermitteln sollen. Auch wenn zu diesem Zeitpunkt die Gründung der RAF noch nicht vollzogen war, kann durchaus die Tat der RAF zugesprochen werden, da die Täter der Brandanschläge sich später als Gründungsmitglieder der Roten Armee Fraktion wiederfanden.

Ulrike Meinhof, die später wichtig für die Entwicklung der Kommunikationsstrategie der RAF wurde, begleitete den Prozess rund um die Bandanschläge als Journalistin. Hierzu schrieb sie:

> „Das progressive Moment einer Warenhausbrandstiftung liegt nicht in der Vernichtung der Waren, es liegt in der Kriminalität der

24 In der Nacht des 2. April 1968 legten Gudrun Ensslin und Andreas Baader zusammen mit Thorwald Proll und Horst Söhnlein Brandbomben in den Frankfurter Kaufhäusern Schneider und Kaufhof. Die Bomben detonierten mit Hilfe von Zeitzündern nach Ladenschluss. Bereits einen Tag später wurden die Täter verhaftet.

> Tat- im Gesetzesbruch. [...] Hat also eine Warenhausbrandstiftung dies progressive Moment, das verbrechenschützende Gesetze dabei gebrochen werden, so bleibt zu fragen, ob es vermittelt werden kann, in Aufklärung umgesetzt werden kann. Was können – so bleibt zu fragen – die Leute mit einem Warenhausbrand anfangen?" (Meinhof 1968 in Henschen, 2013,98)

Bereits hier zeigt sich eine große Offenbarung in der Strategie der späteren Mittäterin der RAF. Die Frage stellte sich nicht mehr, ob eine Handlung legal oder illegal war, sondern vielmehr, ob sie als revolutionär kommuniziert werden konnte. Die Brandanschläge von 1968 sind aber auch aus einer anderen Perspektive der Kommunikation sehr interessant. Die Prozesse riefen ein ungewöhnlich höheres Medienecho hervor als vergleichbare Taten. Medienvertreter aller Zeitungen verfolgten die Prozesse und schrieben ausführlich über die Taten und Täter. Ein Grund für dieses große Medienecho war womöglich die Tatsache, dass seit der NS-Zeit keine Brandstiftungen mehr aus politischen Gründen geschehen waren. Zwar wurden durchaus Molotowcocktails bei Demonstrationen geworfen, jedoch wurden keine geplanten und politisch motivierten Brandanschläge vollzogen. Die Selbstinszenierung von Baader und Ensslin während der Prozesse als revolutionäres Liebespaar erweitertet das mediale Interesse. Die Botschaft, die aus dieser Inszenierung nach außen getragen werden sollte, war deutlich: Jeder sollte sehen, dass diese Gruppierung vom stillen Protest zur aktiven Umsetzung von Forderungen übergegangen ist. Gesellschaft und Staat wurde ein Bild von überzeugten Revolutionären vermittelt, die auch nicht vor Gewalt zurückschrecken.

Aber auch bereits vor den Prozessen versuchte die Gruppe sich das breite Medienecho zu sichern, indem sie die Medien über ihre Taten im Vorfeld detailliert informierten. Das gezielte Informieren der Presse, später als Bekennerschreiben, wurde fester Bestandteil des terroristischen Kalküls der RAF. Die Frankfurter Brandanschläge und Prozesse sind auf Grund ihres Erfolgs aus Sicht der Täter somit auch als eine Art „Probedurchlauf" der späteren Kommunikationsstrategie der RAF zu sehen.

In den ersten echten programmatischen Schriften der frühen 1970er-Jahre zeigt sich die Konsolidierungsphase der RAF in kommunikativer Hinsicht. Nach der Befreiung Baaders am 14. Mai 1970 wurde in den von Mahler[25] geschriebenen Texten mit dem Titel „Die neue Straßenverkehrsordnung" erstmalig Terrorismus als Praktik kommuniziert. Dieser Text ist in wesentlichen Teilen marxistisch-leninistisch geprägt, enthält aber auch maoistische Elemente. Terror im Sinn Lenins wird darin ausdrücklich als Mittel auf dem Weg zur Revolution gerechtfertigt. In einer Art „Gebrauchsanweisung" am Ende dieses Textes fordert Mahler zunächst auf, eine kommunikative Ebene einzurichten. Eine umfangreiche Propaganda für den bewaffneten Kampf sei dafür notwendig. Diese soll den Massen erklären, „warum dieser [der Kampf] notwendig und unvermeidlich ist und wie er vorbereitet werden kann [konspirative Flugblätter und Wandparolen]" (zitiert nach Bittermann, 1987, 119 ff.).

Ebenfalls zeichnete sich die Kommunikationsstrategie der RAF durch eine bewusste Provokation des Staates aus. In der Schrift „Die Rote Armee aufbauen" heißt es: „Macht das klar, dass die Revolution kein Osterspaziergang sein wird" (vgl. Maya, 2013, 51). Das illustriert deutlich die Strategie, den Staat durch den Einsatz von Gewalt zu überzogener Gegengewalt und zur Ausbildung repressiver Strukturen provozieren zu wollen. Darunter würden dann auch automatisch Unbeteiligte leiden, die – so die Theorie – dann wiederum den Revolutionären zulaufen würden. Obwohl die Verfolgungsbehörden und die Politik das Eskalationsspiel häufig mitspielten, zeigt der Verlauf der Geschichte, dass der Plan scheiterte. Doch bestimmte diese Theorie die kommunikative Strategie der RAF auch über die Jahre 1970/71 hinaus. Wie bereits in den vorigen Kapiteln dargestellt, wurde hier die terroristische Tat bewusst zur Kommunikation eingesetzt. Adressaten waren Staat, Gesellschaft und mögliche Sympathisanten. Als Gesellschaft galt zu diesem Zeitpunkt stets eine formbare und manipulierbare Masse, die von der RAF als „ignorant" oder „unverbesserlich" tituliert wurde (Elter, 2007, 87). Sympathisanten sollten aus bereits zugeneigten Milieus rekrutiert werden. Die Einschüchterung und Verunsicherung der Gesellschaft war durchaus gewollt, sodass der Eindruck entsteht, es sei

25 Horst Mahler gilt als Mitgründer der RAF. Am 8. Oktober 1970 wurde er in Berlin verhaftet und später wegen Bankraubs und Gefangenenbefreiung zu 14 Jahren Freiheitsstrafe verurteilt. Er sagte sich 1975 vom Terrorismus los und erreichte 1988 seine Wiederzulassung als Anwalt.

mehr darum gegangen, den Staat zu schwächen, als Sympathisanten zu rekrutieren. Ein Beleg hierfür ist die oft drastische Ausdrucksweise in den Schriften der RAF, die bei der bürgerlichen Mitte eher Befremden als Sympathien auslöste (vgl. Eltner, 2008, 170).

Rückblickend lässt sich das „Bombenjahr 1972“ (ebd., 115) als Ende der Vorbereitungsphase deuten. Spätere Bekennerschreiben belegen eine gewandelte Kommunikationsstrategie. Während der Schwerpunkt in der Phase der Konsolidierung auf den programmatischen Schriften gelegen hatte, verlagerte er sich nun auf die Bekennerschreiben. An die Stelle der Propaganda des Wortes rückte die Propaganda der Tat. Verlautbarungen der Gruppe bis hin zu Hungerstreiks der in Stammheim Inhaftierten waren nicht mehr programmatisch geprägt, sondern bezogen sich stets auf konkrete Anschläge. Das Selbstverständnis der RAF forderte gerade bei öffentlichkeitswirksamen Anschlägen, die im Gegensatz zu den theoretischen Schriften nicht für den Diskurs der Gegenöffentlichkeit konzipiert waren, das Nachreichen der Bekennerschreiben. Das war insbesondere notwendig, da medial gestreute Repräsentationen von Taten an sich nur „mit außerordentlich geringer Information verknüpft“ (Fuchs, 2004, 65) sind und deshalb eine schriftliche Sinnaufladung verlangen, die im Fall der RAF einerseits staatliche Repressionen auslösen sollte, um damit anderseits eine Massenmobilisierung gegen den „faschistischen Staat“ einzuleiten. Historisch gesehen gelang der RAF der erste Punkt. Sie erzwangen staatliche Reaktionen auf ihre Anschläge: Gesetzesänderungen und -verschärfungen und die Aufrüstung des Fahndungs- und Sicherheitsapparats. Der zweite Punkt erfüllte sich jedoch nicht, denn die „Massen“ solidarisierten sich nicht mit der Gruppe und akzeptierten sogar Einschränkungen von Freiheit und Grundrechten zugunsten der inneren Sicherheit.

Die ersten Bekennerschreiben der RAF wurden nach den Anschlägen im Mai 1972 publik (vgl. Elter, 2008, 123). Nachdem die Grenze von der Propaganda zu der Tat überschritten war, zeigen die Bekennerschreiben an die breite Gesellschaft eine neue Ausrichtung. Fortan sollten die Aktionen über den Umweg der Massenmedien der breiten Öffentlichkeit erklärt werden. Die Taten, ihre Hintergründe und Motive sollten fortan flächendeckend bekanntgemacht werden. Diese Berichterstattung über die Tat galt offenbar als ebenso wichtig wie die

Tat selbst, denn die meisten Bekennerschreiben wurden nun an alle großen Medien geschickt.

Die terroristischen Taten der RAF dienten sowohl als Kommunikationsmittel zur Rekrutierung möglicher Sympathisanten als auch zur Provokation des Staates. Inwieweit die Rekrutierung im Sinne der Terroristen funktionierte, wird im folgenden Kapitel näher erläutert werden.

Als weiteren Effekt, der jeder unkalkulierbaren Gefahr zukommt, erzeugten die Bombenanschläge und Überfälle der RAF weithin Verunsicherung und Angst in der Gesellschaft. Während die Taten selbst, die Bombenanschläge oder Brandstiftungen nur verhältnismäßig wenig zerstörten, sorgten ihre Symbolkraft und das Wissen, es handele sich um vorsätzlich von einer nicht zu fassenden terroristischen Gruppierung begangene Taten, für immense kommunikative Effekte. Unberechenbarkeit spielt, wie bereits aufgeführt, bei der Erzeugung von Angst und Schrecken eine tragende Rolle.

Während sich das Konzept *Stadtguerilla*[26] noch als „Rhetorik der Intensität" (Dersch, 2007, 35) auffassen lässt, die sich in dieser Form ebenfalls bei nicht-gewalttätig gewordenen Avantgardeströmungen finden lässt, übersteigt die RAF im Mai 1972 das rein Rhetorische. Die Taten zuvor wie Banküberfälle, Diebstähle von Autos und Einbrüche in Passämter dienten ausschließlich dem logistischen Aufbau der Organisation und wurden deshalb auch nicht mit einem Bekennerschreiben versehen. Zwischen dem 11. und 24. Mai 1972 attackierte die RAF mit Bomben und Sprengstoffanschlägen zahlreiche Ziele in der BRD, bei denen vier US- Soldaten getötet und 40 Menschen zum Teil schwer verletzt wurden (vgl. Beermann, 2004, 45). Die Anschläge als terroristische Kommunikation streuten dabei über ihre mediale Verbreitung „Identifikationspunkte" (Elter, 2008, 23) aus, mit deren Hilfe der Gemeinsinn in der Gegenöffentlichkeit aktualisiert und damit die Mitglieder in ihrem Handeln bestärkt werden sollten. Dabei zeigt sich

26 Diese von Ulrike Meinhof verfasste Schrift „Das Konzept Stadtguerilla" rechtfertigt den bewaffneten Kampf der „Stadtguerilla" aus der Illegalität heraus. Im „Konzept Stadtguerilla" betont Ulrike Meinhof, dass nur die Anwendung von Gewalt ein erfolgversprechendes Mittel zur Umgestaltung der Gesellschaft sein kann. Der „US-Imperialismus" müsse in allen Gegenden der Welt bewaffnet bekämpft werden.

auch eine partielle Selbstadressierung durch die Taten. Denn trotz der scheinbar politischen Motivationen, die die RAF durch die Bekennerschreiben vermittelte, drehte sich die Propaganda der Tat auch um die RAF selbst und richtete sich gleichsam an sich selbst (vgl. Umlauf, 2008, 78).

Die Kommunikationsstrategie der RAF zeigt eine Vielzahl an Strategien, welche zur Kommunikation der ideologischen Botschaften dienten. Der Vorwurf der Isolationsfolter, welcher medial aufbereitet wurde und den Eindruck eines überharten Staates vermitteln sollte, ist eines der Elemente. Bombenanschläge, Entführungen, Ermordungen sind terroristische Akte, welche als Kommunikationsstrategie verstanden werden müssen. Denn die direkte Wirkung dieser Taten war durchaus gering, da sie kaum Einfluss auf das politische System der BRD hatten. Die kommunikative Dimension der Wirkung hingegen war langanhaltend. Durch die mediale Berichterstattung und das Inszenieren dieser Taten (Informieren der Presse kurz vor einem Attentat) gelang es jedoch, die in der hier aufgestellten Terrorismusdefinition festgehaltenen Punkte (Verbreitung von Angst und Schrecken, Provokation des Staates, Sympathiebildung) zu erzeugen. Die RAF zeigt somit beispielhaft, dass terroristische Taten als Kommunikationsstrategie, um Botschaften und Forderungen mit Hilfe der Medien zu vermitteln, verstanden werden können. Dabei ist sowohl die Rolle der Medien, als Filter und Transmitter, als auch die Rolle des Staates, als zu provozierender Akteur, entscheidend für den Erfolg oder Misserfolg dieser Strategie.

Die in dieser Arbeit definierten Punkte der Drohkommunikation, Ereigniskommunikation und Bekennerkommunikation sind dabei ebenfalls in der Strategie der RAF deutlich erkennbar. Die Drohsowie Bekennerkommunikation nahm dabei eine tragende Rolle ein. Die Ausführlichkeit sowie die immer gleichbleibende Struktur der Bekennerschreiben (Titel, Datum, Inhalt, Begründung, Schlussfolgerung, Aufruf) (vgl. Elter, 2007, 36) sollten dabei sicherstellen, einen gesicherten Platz in der Berichterstattung zu erlangen. Ohne die Bekennerschreiben, die in der Regel 1–2 Tage nach der Aktion versendet wurden, wäre eine Zuordnung der Anschläge kaum möglich gewesen. Die Verzögerung hatte indes einen wichtigen Grund. Auch das gehörte zum Kalkül der RAF: Dadurch wurde die Berichterstattung um einige Tageverlängert, da nach einer Phase der Spekulation die Bekennerschreiben für neue Informationen sorgten (vgl. Umlauf, 2008, 159).

Terrororganisationen betreiben also wie staatliche Organe, Firmen und Organisationen aktive Öffentlichkeitsarbeit. Zu dieser PR gehört die „organisierte öffentliche Kommunikation von Interessengruppen" (Seeling, 1996, 87) als primäres Ziel. Als gängige marktwirtschaftliche Strategie haben viele Terrororganisationen diesen Teil der Imagepflege übernommen. Der rote, fünfzackige Stern, in dessen Vordergrund eine Maschinenpistole von Heckler & Koch und der Schriftzug „RAF" abgebildet sind, symbolisiert unverkennbar die „Terror-Marke" RAF. Es findet sich sowohl in Erklärungen als auch in Entführungsvideos. Das Logo dient der Wiedererkennbarkeit der RAF und bestätigt die Echtheit von Erklärungen (vgl. Eltner, 2008 274).

Dass die Schleyer-Entführung als bedeutsamstes Ereignis in der Geschichte der RAF gilt, ist sicher auch der Berichterstattung zuzuschreiben, denn erstmals wurde ein Video einer Geisel an die Öffentlichkeit gebracht. Der immanente Widerspruch, dass Terrorgruppen aus dem Untergrund heraus Publizität erzeugen müssen, wurde damit vollständig gelöst (vgl. Eltner, 2008, 171). Eine Videobotschaft hat durchaus essentiellen Charakter. Denn wie auch Tonaufnahmen kann sie den Eindruck der Realität einer Tat vervielfachen.

Abschließend lässt sich die Kommunikationsstrategie der RAF so zusammenfassen: Zahlreiche Beispielen belegen, dass die RAF im bundesrepublikanischen Terrorismus der 1970er-Jahre eine Ausnahmerolle spielt, da es ihr gelang, alle andere Gruppen wie die „Bewegung 2. Juni" und die Revolutionären Zellen in ihrer medialen Präsenz zu übertreffen. Obwohl die erstere in ihren Aktionen wesentlich erfolgreicher war als die RAF (bspw. die Lorenz-Entführung 1975) und letztere zwischen 1973 und 1988 über 100 Anschläge verübten, erreichte keine andere Gruppe jemals eine so ausführliche Berichterstattung wie die RAF.

„Dieses Missverhältnis ist nur ein Beleg dafür, dass das Phänomen RAF nur unter Berücksichtigung ihrer eigenen Kommunikationsstrategien, der Berichterstattung über sie sowie durch die dadurch entstandene Öffentlichkeit zu erklären ist." (Elter, 2008, 90.)

Durch Nutzung der terroristischen Gewalttaten als Kommunikationsstrategie versuchte die RAF Angst und Schrecken und ihre revolutionäre Botschaft in der Gesellschaft zu verbreiten. Denn die asymmetrische Auseinandersetzung mit dem Staat erforderte geradezu spektakuläre und gewaltsame Aktionen, die durch die massenmediale Berichterstattung eine breite Öffentlichkeit erreichte. Denn für jeglichen Terror gilt: „Je imposanter die Verluste und Zerstörung, desto höher der Nachrichtenwert, desto stärker die Resonanz, desto weitreichender die Produktion von Irritation“ (Fuchs, 2004, 81). Der Terror, der sich der Massenmedien als „Instrument der Aufmerksamkeitserzwingung“ (ebd. 80) bedient, verschaffte der RAF somit viel mehr Resonanz, als sie mit ihren für die Gegenöffentlichkeit konzipierten Texten je erreicht hätte. Die Kommunikation mit der Öffentlichkeit in Form von gewalttätigen Anschlägen war in der terroristischen Strategie der RAF fest einkalkuliert, um damit „den Mythos von der Allgegenwart des Systems und seiner Unverletzbarkeit zu zerstören“ (Waldmann, 2004, 19). Sie sollte konkret dem Ziel einer aufklärerischen Wirkung dienen. Da die Taten jedoch oft geringen Informationsgehalt hatten und zudem durch ihre Vermittlung im hegemonialen Diskurs die von den Terroristen angestrebte Decodierung konterkariert wurde, musste die RAF dieses kommunikative Defizit durch die aufgezeigten Bekennerschreiben kompensieren.

Die hier aufgeführten Fallbeispiele haben gezeigt, dass die in Kapitel 4 aufgestellten Kategorien, welche als Fundament terroristischer Kommunikationsstrategie gelten, größtenteils zutreffen. Die RAF verfolgte durch strategische Ausrichtung ihrer Taten folgende Ziele: durch Unberechenbarkeit Angst und Schrecken in der Zivilbevölkerung erzeugen, den feindlichen Staat durch wiederholte Provokation zu einer Überreaktion herausfordern sowie durch die Attentate Sympathisanten gewinnen. Darüber hinaus ist eine bewusste Einbeziehung der Medien essentieller Bestandteil der RAF gewesen, welche im Folgenden nochmals näher aufgezeigt wird. Es ist eine deutliche strategische Ausrichtung der Taten der RAF zu erkennen. Im Vorfeld bewusst geplante und in Szene gesetzte Attentate dienen hier als gutes Beispiel.

In den folgenden Kapiteln werden auf Basis des erarbeiteten Wissens die mediale Berichterstattung sowie die Propaganda als auch die

Rekrutierung durch die RAF im Blickpunkt stehen. Denn besonders die mediale Berichterstattung als „Kommunikator“ terroristischer Botschaften hat einen hohen Stellenwert bei der Kommunikationsstrategie von terroristischen Gruppierungen.

6.4 Wahrnehmung der RAF durch die Medien

Betrachten wir Terrorismus als Kommunikationsstrategie, so haben die Medien als „Vermittler“ und „Kommunikator“ tragende Rollen. Besonders bei der Untersuchung der Kommunikationsstrategie der RAF wird deutlich, dass Massenmedien als essentieller Bestandteil wahrgenommen werden müssen. Es stellt sich dann die Frage, ob die terroristische Kommunikationsstrategie der RAF ohne Massenmedien überhaupt funktioniert hätte?

Terroristische Anschläge der RAF hätten mit großer Wahrscheinlichkeit ohne die Verbreitung durch die Medien lediglich die direkt betroffenen Personen erreicht sowie eine enge Sympathisantenszene. Der „zu interessierende Dritte“ hätte ohne die flächendeckende Berichterstattung somit die Aktivitäten der RAF nicht wahrgenommen. Die terroristische Tat ist meist nur in dem Umfang erfolgreich, wie sie auch flächendeckend vermittelt wird. Im Umkehrschluss bedeutet dies, dass ein terroristisches Attentat der RAF isoliert nur geringen Effekt hatte, die mediale Inszenierung der Tat hingegen viel mehr Menschen erreichte. Deshalb sollen die Wahrnehmung der RAF und die Instrumentalisierung der Massenmedien durch die RAF näher betrachtet werden.

Beim Thema „Die RAF und die Medien“ lassen sich unzählige Facetten herausarbeiten: So lassen sich z. B. die Erklärungen, Verlautbarungen und theoretischen Texte der RAF als Teil ihrer Medienpolitik verstehen, die entweder auf die breite Öffentlichkeit zielte oder auf die Sympathisantenszene als spezifische Zielgruppe fokussierte.[27] Trotz

---

27 Des Weiteren gibt es bei einzelnen Akteuren einen eindeutigen biografischen Medienhintergrund: Ulrike Meinhof war Journalistin und Publizistin. Sie engagierte sich bereits in der Anti-Atomtod-Bewegung, wurde Mitglied der illegalen KPD, solidarisierte sich mit den sozialen Protestbewegungen der 1960er Jahre und war Aktivistin der APO, bevor sie in den Untergrund ging. Holger Meins, um nur ein

der Kritik der RAF an den westdeutschen Medien war den Terroristen klar, dass diese, wie Horst Mahler ausdrückte, „benutzbare Mittel“[28] für sie waren (zitiert nach Weimann/Winn, 1994, 61).

Die Medienarbeit der RAF ist interessant, nicht weil sie besonders innovativ oder leistungsfähig gewesen wäre, sondern weil hier kongruente Interessen aufeinanderstießen: Die RAF instrumentalisierte die Medien, um ihre Ziele zu erreichen und bot den Medien im Gegenzug spektakuläre Themen zur Steigerung von Aufmerksamkeit und Auflage (vgl. Delabar, 2008).

Die RAF brauchte die traditionellen Medien als Vermittler ihrer Botschaften. Der Ansatz, durch Anschläge und Entführungen Presseveröffentlichungen zu erzwingen, gehört fest zu den Forderungen von Terroristen. In der Geschichte der RAF war der bekannteste Fall dieser Strategie die Schleyer-Entführung. Diese ist eng mit den wohl ersten Videobotschaften einer Terrororganisation überhaupt verbunden. Das Bild des entführten Arbeitgeberpräsidenten vor dem Hintergrund des RAF-Logos repräsentiert fast ikonisch die Geschichte der RAF. Ein Versuch, diesen Prozess der Einflussnahme auf die Medien zu unterbrechen, war etwa während der Schleyer-Entführung eine Nachrichtensperre der Bundesregierung, um die Publikation der Botschaften und Forderungen der Terroristen zu unterbinden. Eine derartige Gegenstrategie ist im Zeitalter des Internets und einer weltweiten Kommunikationsverflechtung nicht mehr möglich. Vor allem aber sind Nachrichtensperren durch die Entdifferenzierung terroristischer Gewalt infolge der Marginalisierung des „als interessiert unterstellten Dritten“ (Münkler, 2006, 104), wie für jüngere Formen des Terrorismus typisch, nicht mehr praktikabel. Entführungen von Einzelpersonen oder auch von Flugzeugen lassen sich durch Nachrichtensperren kaum noch begrenzen; bei Anschlägen auf öffentliche Verkehrsmittel in Städten wirkt die Verhängung einer Nachrichtensperre mitunter kontraproduktiv (vgl. Münkler, 2004, 57).

---

weiteres RAF-Mitglied exemplarisch herauszugreifen, hatte, bevor er in den Untergrund ging, Design und Film studiert.

28 Mahler, zit. nach Bakker Schut 1986, S. 187. Weimann interviewte ein ehemaliges Mitglied der RAF, der angab, dass die Medien “‘one of the best tools for us, for our cause’” (Weimann/Winn 1994, S. 61) gewesen waren.

Die Produktion von Geiselvideos war ab 1977 eine neue Stufe der Kommunikation durch die RAF. Erstmals verschickten Entführer ein Video als terroristisches Kommunikationsmittel. Diese neue technische Entwicklung, welche als eines der Hauptkommunikationsmittel des „IS" gilt, galt nach den Tonaufnahmen der Lorenz-Entführer als Quantensprung in der Geschichte der terroristischen Kommunikation. Dadurch wurden mindesten zwei Ziele verfolgt: Zum einem belegt das Video, dass die entführte Person noch lebt, und zum anderen wird den Medien Material verfügbar gemacht, dessen Inhalt nicht bearbeitet werden konnte.

Ein weiteres Beispiel für die bewusste Mediennutzung zur Verbreitung der terroristischen Botschaft waren die Hungerstreiks der Gefangenen in Stammheim. Auch dieses war eine Kommunikationsstrategie der RAF und ihrer Anwälte. Die Haftbedingungen sollten nicht nur deswegen thematisiert werden, um, wie die RAF stets betonte, die Gefangenen vor möglicher Ermordung durch die Sicherheitsbehörden zu schützen. Die Berichterstattung über „Hungerstreik" und „Isolationshaft als Folter" war aus Sicht der RAF vor allem ein Mittel, um der Öffentlichkeit die „Fratze" des Staates zu zeigen und Sympathisanten zu mobilisieren (vgl. Elter, 2007, 87). Ob es allein der Kommunikationsstrategie der RAF zu verdanken ist, dass ein „Mythos Stammheim" entstand und die Diskussionen über den Tod der Gefangenen bis heute andauern, ist nicht eindeutig zu belegen.

Neben der Öffentlichkeitsarbeit, die die Gefangenen der ersten Generation aus dem Gefängnis koordinierten, verübte die zweite Generation weiterhin Anschläge, die ebenfalls verstärkt medienwirksam inszeniert und umgesetzt wurden. Die RAF zeigte folglich eine zunehmend stärkere mediale Präsenz. Diese ist aber nur zu einem Teil durch eine aktive Medienarbeit der RAF zu erklären. Eine weitaus größere Rolle für die Berichterstattung über die RAF spielte die Intensität ihrer Anschläge und das in der Öffentlichkeit wahrgenommene gestiegene Bedrohungspotential, das die Medien dazu veranlasste, sich intensiver mit der Gruppe auseinanderzusetzen.

Die ersten beiden RAF-Generationen differieren im Umgang mit den Massenmedien erheblich voneinander. Diese Unterschiede spiegeln allerdings auch eine veränderte Strategie der Gruppe wider. Im Lauf der 1970er-Jahre wurde aus der Guerillataktik zunehmend eine rein terroristische Strategie. Mit der Steigerung der terroristischen Dimension gingen eine Steigerung der Ausnutzung der Massenmedien sowie eine ihnen gegenüber veränderte Taktik einher. Aber auch innerhalb der ersten Generation der RAF selbst kam es zu Veränderungen in ihrem medialen Verhalten. In ihrer Entstehungsphase in den frühen 1970ern hatte sich die erste Generation noch relativ selten direkt an die Massenmedien gewandt, um ihr Vorgehen und ihre Motivation einem größeren Publikum zu erläutern. Nach ihrer Inhaftierung änderte sich dies. Die Gründergeneration nutzte die Massenmedien zunehmend als PR-Plattform, um auf bundesdeutsche Missstände im Umgang mit Strafgefangenen – bzw. aus ihrer Sicht mit politischen Gegnern – aufmerksam zu machen. Über die Ursache für diesen Wandel kann nur gemutmaßt werden. Eine mögliche Begründung wäre, dass sich die Mitglieder der RAF in der Haft intensiv mit den medialen Strategien anderer Gruppen auseinandersetzten und zu dem Ergebnis kamen, dass sich die RAF im Hinblick auf den Umgang mit den Medien ändern müsse, um ihre Ziele zu erreichen. Es zeigte sich somit, dass nach kommunikativen Misserfolgen eine Neuausrichtung der medialen Strategie vollzogen wurde. Ausgehend von den in Kapitel 4 erstellten Kategorien kann daher zu dem Schluss gekommen werden, dass die Kommunikation nach außen durch die RAF als strategisch verstanden werden muss.

6.5 Propaganda und Rekrutierung der RAF

Terrorismus als Kommunikationsstrategie zu verstehen beinhaltet, wie aufgezeigt, dass durch die Tat verschiedene Adressaten erreicht werden sollen. Das Wichtigste für das Bestehen von terroristischen Organisationen sind die Rekrutierung neuer Mitglieder und die Propaganda. Terroristische Akte sollen immer mögliche Sympathisanten für das Projekt gewinnen und den Eindruck erwecken, dass die terroristische Organisation zu ihren Drohungen steht und diese auch umsetzt. Die terroristische Tat hat immer auch den Charakter einer Rekrutierungskampagne.

Die terroristische Ideologie der RAF bot eine „Totaldeutung“ der Welt mit einem klaren Freund-Feind-Schema. Gewalt in Form von terroristischen Anschlägen wurde dabei als adäquates Mittel zur Überwindung der politischen Perspektivlosigkeit propagiert. Der Kreis der Anhänger und Sympathisanten, aus dem die RAF ihren Nachwuchs rekrutierte, war begrenzt. Untersuchungen und Analysen gestatteten Schätzungen, welche auf circa 100 Personen schließen lassen, die als Unterstützer bzw. aktive Sympathisanten gelten können. Diese stammten wie die Mitglieder der RAF selbst aus der gehobenen Mittelschicht, waren somit Studenten, Akademiker oder sonstige Vertreter intellektueller Berufe. Trotz anderslautender Behauptungen wurden die terroristischen Gewalttaten von Linksparteien, Gewerkschaften und anderen linksorientierten Gruppen in der BRD einhellig abgelehnt. Auch bei der Hauptzielgruppe der RAF, der Arbeiterschaft, war rückblickend nur ein äußerst geringer Teil der RAF positiv zugewandt. Die Gründe dafür liegen zum einen in der Grundannahme der Bewegung, die Bundesrepublik Deutschland sei ein repressiv-faschistisches System. Diese These widersprach den Alltagserfahrungen der Durchschnittsbürger. Außerdem waren viele von der Überheblichkeit und dem Absolutheitsanspruch der RAF-Botschaften abgestoßen.

Diese Position zeigt etwa die Erklärung vom 14.5.1970 zu Andreas Baaders Befreiung:

> „Es hat keinen Zweck den falschen Leuten das Richtige erklären zu wollen. Das haben wir lange genug gemacht. Die Baader Befreiung haben wir nicht den intellektuellen Schwätzern, den Hosenscheißern, den Alles-besser-Wissern zu erklären, sondern den potentiell revolutionären Teilen des Volkes." (Zitiert nach RAF, 1997, 24.)

Aus Sicht des Verfassers dieses Textes waren Kinder- und Jugendheime ein besonders wichtiges Rekrutierungsfeld. Die zum Teil bereits straffällig gewordenen Insassen sollten das neue revolutionäre Potential zum Aufbau der RAF bilden und politisiert werden. Die Bewertung des Erfolgs oder Misserfolgs dieser Strategie lässt sich abschließend nicht beantworten. Jedoch zeigt sich, dass einige Mitglieder der späteren RAF-Generationen in Heimen groß geworden sind oder wegen Jugendstrafen oder Drogenkonsums aufgefallen sind. Daraus den Schluss zu ziehen, die propagierte Taktik der Rekrutierung späterer Mitglieder der RAF an sogenannten „sozialen Brennpunkten" sei aufgegangen, wäre meiner Ansicht nach falsch. Denn wie bereits erläutert, fanden sich unter den Mitgliedern der RAF größtenteils Personen aus der gehobenen bürgerlichen Mitte. Die Selbstdefinition als proletarisch-revolutionäre Bewegung (vgl. Eltner, 2008, 113) in den frühen Flugschriften der RAF deckte sich keineswegs mit den Fakten. Daraus lässt sich erklären, warum die RAF relativ schnell ihren Avantgarde- und Kadercharakter herauszustellen suchte. Bereits in dem Text „Die Rote Armee aufbauen" lag kein Hauptaugenmerk auf der Sympathisantensuche in Heimen, sondern vielmehr um die Genossen der „Agit 883". Durch eine rigorose und deutliche Sprache versuchte die RAF daher „ein Vertriebsnetz aufzubauen, an das die Schweine nicht rankommen" (zitiert nach RAF, 1997, 24).

Die Rekrutierungskampagnen der RAF waren durchaus vielschichtig. In den Texten „Die Rote Armee aufbauen" und „Dem Volk dienen" wurde wiederholt darauf hingewiesen, dass die Taten der RAF eine Botschaft vermitteln sollen, welche jedem Revolutionär „erschließlich" sei. Dann würde der Zuwachs der RAF logisch den Attentaten folgen. Die Führung der RAF nahm also an, die einzelnen Attentate und die Verbreitung der damit einhergehenden Botschaft durch die Medien würden viele bis dahin unauffällige Sympathisanten dazu bringen, sich dem bewaffneten Kampf anzuschließen. Dieser Plan scheiterte, was zum einen an der mangelnden Kommunikation zwischen Zivilbevölkerung und RAF gelegen haben kann oder aber auch an der Tatsache, dass besonders im Jahr 1977 ein allgemeines Unverständnis gegenüber den Aktionen der RAF in der Bevölkerung herrschte.

Viel Sympathie erfuhr die RAF hingegen in den Jahren 1972 und 1973. Der Wechsel der Strategie von terroristischen Attentaten zu Hungerstreiks bewirkte viel Verständnis in der bundesdeutschen Bevölkerung. Die Hungerstreiks waren zwar Folge der Handlungsunfähigkeit der inhaftierten Führungsspitze, die so auf passiven Widerstand setzte. Eine veröffentlichte Erklärung über die Gründe und Zustände der Inhaftierten fügte jedoch dem passiven Widerstand eine aktive Kommunikationsstrategie hinzu. Aus heutiger Sicht war dieser Strategiewechsel für die Gewinnung neuer Sympathisanten langfristig effizienter als die zuvor verübten Anschläge. Die Terroristen der RAF stilisierten sich zu „Opfern des Systems" (Eltner, 2008, 138). Diese Form der Selbstviktimisierung entsprach aber nicht nur einer veränderten Eigenwahrnehmung, sondern diente auch kommunikationsstrategischen Zielen.

Nachdem die Kommunikationsstrategie der RAF analysiert wurde, steht nun die zweite terroristische Organisation im Blickpunkt. Vor dem direkten Vergleich der Kommunikationsstrategien von RAF und „IS“ muss die Kommunikationsstrategie des „Islamischen Staates“ untersucht werden.

7 Islamischer Staat

Der „Islamische Staat" formierte sich zwischen 2003 und 2014 als Sammelbecken verschiedener islamistisch-extremistischer Terrororganisationen. Der „Islamische Staat", der vor der Ausrufung des Kalifats noch als Islamischer Staat im Irak und Syrien/Levante (ISIS oder ISIL) bekannt war, entwickelte sich aus der Terrororganisation Al-Qaida. Ahmed Fadil Nazal al-Khalia, genannt Abu Musab al-Zarqawi, gründete nach dem Tod Osama Bin Ladens „Al-Qaida im Irak" (AQI), bevor er 2006 bei einem US-Luftangriff getötet wurde. Aus AQI wurde schließlich der „Islamische Staat im Irak". Der Iraker Ibrahim Award Ibrahim, bekannt als Abu Bakr al-Baghdadi, spaltete sich von Al-Qaida ab und operierte unter dem genannten Vorläufer des IS und später ISIS/ISIL in Syrien (vgl. Verfassungsschutzbericht 2013, 209.). Diese islamistische Terrororganisation, deren Mitglieder sich zu einer radikalen Auslegung des sunnitischen Islams bekennen, kontrolliert zur Zeit Teile Syriens und des Irak. Zur Zahl der „IS"-Kämpfer gibt es nur Schätzungen, die von einigen Zehntausend bis zu mehreren Hunderttausend reichen. Die Gruppe „Islamischer Staat im Irak" (ISI) trat erstmals (2004) als Teil von „Al Khaida im Irak" auf, wo sie schwere Attentate verübte. Im Frühsommer 2014 stieß die dschihadistische Miliz „Islamischer Staat" im Irak und in Scham (Großsyrien) (ISIS), aus Syrien kommend, in den Nachbarstaat Irak vor und eroberte in wenigen Tagen weite Landesteile. Die Namensänderung von ISIS hin zu „Islamischer Staat" (IS) artikuliert den universalen Machtanspruch der Organisation, von diesem Territorium aus eine islamische Weltherrschaft zu errichten (vgl. Reader Sicherheitspolitik Ausgabe 2/2015). Die Terrororganisation verfügt über immense Einnahmen. Ihren Reichtum hat sie vornehmlich auf ihrem Siegeszug im Irak erbeutet. Eingetriebene Wegzölle an der Grenze zwischen Irak und Syrien, Schutzgelder und Steuern sowie Einkünfte aus Gas- und Ölverkäufen füllten die Kriegskasse. Die Frage nach der „IS"-Ideologie steht seit dem Aufstieg der Organisation im Lauf des Jahres 2013 im Zentrum der Diskussionen. Angesichts der Gräueltaten von „IS"-Anhängern, des Führungsanspruchs des „Kalifen" al-Baghdadi, alle Muslime zu repräsentieren oder der wiederholten Aussage von Repräsentanten des „IS", ein Staat zu sein, suchen Politiker, Wissenschaftler und Medienvertreter immer wieder diese Ideologie zu begreifen.

Die wissenschaftliche Untersuchung des „Islamischen Staates" steht vor forschungspraktischen Hindernissen. Empirische Untersuchungen, Interviews und teilnehmende Beobachtungen sind kaum zu finden. Diese Arbeit wertet neben wissenschaftlichen Berichten und Aufsätzen auch „IS-Propagandamaterial" und „IS-Medien"-Inhalte als Quellen aus.

7.1 Geschichte des IS

Die Entstehung des heutigen „Islamischen Staates" ist eng mit den inneren Konflikten im Irak verbunden. Nach dem zweiten Irakkrieg im Frühjahr 2003 und dem Sturz des Diktators Saddam Hussein stand das Land zwischen Euphrat und Tigris viele Jahre am Rande eines Bürgerkriegs. Der Regime-Wechsel in Bagdad vertiefte ethnisch-religiösen Unterschiede im Land. Der Entmachtung der alten sunnitischen Eliten folgte 2006 die Bildung einer schiitisch geprägten Regierung in Bagdad, die zunächst stark von der amerikanischen Zivilverwaltung abhing. Im Juni 2014 nahm der „Islamische Staat" im Irak und Syrien (ISIS) weite Teile des West- und Nordwestirak einschließlich der Millionenstadt Mosul ein. Kurz darauf erklärte sich ihr Anführer Abu Bakr al-Baghdadi zum Kalifen aller Muslime und nannte seine Organisation in „Islamischer Staat" (IS). Ihr Gründer war der jordanische Terrorist Abu Musab az-Zarqawi (1966–2006), der seine Anhänger 2003 in den Irak führte, wo er und seine Nachfolger die amerikanischen Besatzungstruppen und den neuen irakischen Staat bekämpften (vgl. Steinberg, 2014, 3).

Da es sich bei der Entstehung und der Entwicklung des „IS" um ein hoch komplexes Gebilde handelt, sollen im Folgenden lediglich die wichtigsten Ereignisse zum Verständnis des Phänomens im Blickpunkt stehen.

Der heutige Siegeszug des „Islamischen Staates“ begann unauffällig, als im Jahr 2012 ein kleines Vorauskommando der „IS“-Führung nach Syrien ging. Das vom Bürgerkrieg zerrissene Land, in dem viele unterschiedliche Rebellengruppen gegen das Regime des Diktators Baschar al-Assad kämpften, bildete die Basis für den Aufstieg des „IS“. Dabei gründete der „Islamische Staat“ seine Macht zunächst weder auf Terror noch auf die Zustimmung der syrischen Bevölkerung. Maßgeblich war eine aufwändige, Monate währende und diskret durchgeführte Unterwanderung und Ausspionierung der anarchischen Rebellenszene Nordsyriens, die zunächst friedlich und später erbarmungslos aggressiv betrieben wurde (vgl. Reuter, 2015, 10).

Die Herrschaftsstrukturen innerhalb des „IS“ sind eindeutig definiert. Der Kalif steht über allen und bestimmt Handeln und Vorgehen der Terrororganisation. Abu Bakr al-Baghdadi konnte sich von der bis dato einflussreichsten Terrororganisation Al Qaida abspalten und dank eines autoritären Führungsstils sich als stärkste Kraft im Terrornetzwerk „IS“ etablieren.

Eine neue internationale Ausrichtung des „IS“ ist seit dem Jahr 2015 festzustellen. So können dem „IS“ allein im Jahr 2015 über zehn internationale Anschläge zugeordnet werden.

In Saudi-Arabien wurden 2015 bislang 37 Menschen durch den „IS“ getötet, in der Türkei bei Anschlägen in Diyarbakır, Suruç und Ankara mehr als 130. Im Januar 2015 starben bei den Anschlägen auf die Satirezeitung „Charlie Hebdo“ und an der Porte de Vincennes in Paris 16 Menschen. Beim Überfall auf das tunesische Nationalmuseum von Bardo in Tunis am 18. März wurden 24 vorwiegend ausländische Touristen ermordet. Am 26. Juni starben bei Anschlägen auf den Touristenort Sousse in Tunesien, eine Gasfabrik in Frankreich, eine Moschee in Kuwait und eine afrikanische Friedenstruppe in Somalia über 100 Menschen. Vermutlich ebenfalls dem „IS“ zugerechnet werden kann der Absturz von Kogalymavia-Flug 9268 am 31. Oktober. Am 13. November wurden bei einer Serie von Explosionen, Schießereien und Geiselnahmen in Paris über 120 Menschen getötet. Gleichzeitig kamen bei einem Anschlag in der libanesischen Hauptstadt Beirut über 40 Menschen ums Leben. In San Bernardino, USA, fielen einem Anschlag von „IS“-Sympathisanten Ende November 14 Menschen zum Opfer, ein weiterer Anschlag konnte Anfang Dezember in London eben verhindert werden (vgl. Schirra, 2015, 296 ff.).

Die Auflistung dieser Taten belegt eindrucksvoll die transnationale Ausrichtung des „IS"-Terrorismus. So hat diese neue Tendenz, Anschläge außerhalb von Syrien und dem Irak zu verüben, das Medieninteresse deutlich erhöht. Ab 2015 kann also von einer zweiten Phase der Kommunikationsstrategie des „IS" gesprochen werden. Terroristische Anschläge hatten seither nicht wie zuvor im Irak und Syrien den Anspruch einer territorialen Ausbreitung, sondern vielmehr einen kommunikativen Auftrag. Der Welt sollte durch die Menge und die Häufigkeit von Anschlägen die Durchsetzungsfähigkeit und Entschlossenheit der Organisation deutlich gemacht werden. Botschaften und Erklärungen werden seither deutlich stärker betont. Das Handlungsprinzip Terrorismus wurde somit zu einem bewusst gewählten Kommunikationsmittel zur Übermittlung von Botschaften.

7.2 Kommunikationsstrategien des IS

Grundsätzlich sind in der Logik von Terroristen nicht die unmittelbar Betroffenen eines militanten Akts die Zielgruppe der Aktion, sondern die kommunizierte Referenz auf den Akt. Eine Ausnahme zeigt dabei das Attentat auf die Redaktionsräume von Charlie Hebdo. Bei diesem Attentat waren die Opfer bewusst auf Grund ihrer Arbeit ausgesucht worden.

Die islamistischen Terroristen des „IS" stehen in der Tradition der „Propaganda der Tat". Die terroristischen Taten sind somit unter dem Punkt der Inszenierung auf ein möglichst großes Publikum zu verstehen (Wichmann, 2013, 78). Ihre Operationen betreffen allerdings kein auf einen Nationalstaat beschränktes Publikum, sondern erfolgen an unterschiedlichen Orten und beziehen unterschiedliche Tätergruppen und Zielöffentlichkeiten ein, was dem „IS" in seiner Gesamtheit eine besonders große und weit gestreute Medienpräsenz verschafft. Die Tat wird „für" ein Publikum durchgeführt. Als „Regisseure" richtet der „IS" seine Taten nach einem „Drehbuch" aus, welches eine möglichst hohe Zuschauerzahl sichern soll. Die mediale Verwertbarkeit der Gewalttat des „IS“ ist also intrinsischer Bestandteil des Terrorakts (vgl. Tinnes, 2012, 8).

Spätestens seit der Ausrufung eines Kalifats durch den „Islamischen Staat“ im Juni 2014 ist die strategische Kommunikation des „IS“ zum Gegenstand öffentlichen und wissenschaftlichen Interesses geworden. Ein Schwerpunkt der Auseinandersetzung liegt dabei auf der geschickten Nutzung sozialer Netzwerke durch den „IS“. Bislang hat sich die Forschung dazu vor allem auf quantitative Aspekte der Themensetzung konzentriert und den visuellen Charakter von Terrorkommunikation und seine spezifischen Funktionen nur am Rand behandelt.

Die Kommunikationsstrategie des „Islamischen Staates“ ist komplex. Anschläge, Ermordungen, Entführungen und anderen Gewalttaten des „IS“ dienen in erster Linie einer Rekrutierungsstrategie und Kommunikationsstrategie. Bei ihren Kommunikationsbestrebungen differenzieren die Akteure dabei ihre Adressatengruppen nach deren ideologischer Haltung. So unterscheidet der „IS“ zwischen Freunden, Feinden und unbeteiligten Dritten. Meist werden noch zusätzliche Subdifferenzierungen vorgenommen, beispielsweise nach Religion, nach politischer Position oder nach Nationalität oder ethnischer Gruppe. Die Botschaften werden deshalb auch mitunter explizit an bestimmte Adressatenkreise gesendet (vgl. Steinberg, 2005, 44).

Die terroristischen Anschläge des „IS“ sowohl im Nahen Osten als auch in Europa, Afrika und Amerika dienen als gutes Beispiel, Terrorismus als Kommunikationsstrategie zu verstehen.

Der „IS“ hat bereits früh den Symbolwert eines Terroraktes erkannt und sieht seinen Erfolg in der massenmedialen Berichterstattung bestätigt. Es kann daher durchaus von einer „Ikonographie des Schreckens“ (vgl. Bernhardt, 2014) gesprochen werden. Seit Beginn des Vormarsches des „IS“ zählt dabei die symbolische Besetzung von Orten zu den zentralen Repräsentationsmerkmalen des „IS“. Der Einzug von Terroristen in besetzten Gebieten und ihre Markierung mit der „IS“-Flagge gehören ebenso zum Bildprogramm wie die Geltendmachung von Territorialansprüchen durch das Rammen eines Säbels in den staubigen Boden. Das symbolische Hissen der Flagge, ein wiederkehrendes Motiv in den Videobotschaften des „IS“, ist eine Siegesgeste, die tief im abendländischen Bildgedächtnis verankert ist und zahlreiche historische Vorbilder aufruft (vgl. Bernhardt, 2014, 4).

Wie bei kommunikativen Strategien des „IS" häufig der Fall, richten sich diese Bilder nicht nur an die direkt betroffenen Menschen, sondern auch an imaginierte Feinde nah und fern. Der Islamwissenschaftler Guido Steinberg unterscheidet so zwischen dem „nahen" und dem „fernen" Feind. Als letzterer gilt der Westen, also insbesondere Europa und die USA, er tritt dann auf die Bühne, wenn sich der nahe Feind nicht besiegen lässt (vgl. Steinberg 2005, 39). Die Kommunikationsstrategie des „IS" zeigt somit eine professionelle und facettenreiche Umsetzung des terroristischen Kalküls. Denn wie die meisten Anschläge des „IS" dienten sie bislang dem Ziel, den westlichen Einfluss in der islamischen Welt einzudämmen. Es ging weniger darum, den Westen direkt anzugreifen, auch wenn Anschläge in europäischen Metropolen verübt wurden, sondern darum, ihm seine Verletzlichkeit zu zeigen und dadurch indirekt auf sein politisches Handeln einzuwirken (Prinzip der Provokation). Anschläge in Paris und Brüssel sind daher hauptsächlich als eine terroristische Kommunikation zu verstehen, da sie nicht zum Ziel haben ein bestimmten Territorium zu besetzten oder zu befreien. Das Hauptziel der Anschläge in Paris und Brüssel war daher in der Aufmerksamkeitserzeugung zu finden. Das terroristische Kalkül des Islamischen Staates reicht dennoch weit über eine reine Provokation des Westens hinaus. Der „Islamische Staat" will die totale Spaltung zwischen Westen und muslimischer Welt erreichen. Zur Durchsetzung dieses Ziels sollen viele verschiedene Strategien den öffentlichen Fokus auf den „IS" gelenkt werden. Dieser Absicht dient beispielsweise die weltweit medienwirksame Lancierung von Entführungs- und Enthauptungsvideos.

Es lassen sich beim „IS" generell zwei Phasen der Kommunikationsstrategie unterscheiden: In der ersten ging es um eine nationale Kommunikationsstrategie im Irak und Syrien. Damals konzentrierte sich die Organisation darauf, durch Anschläge im Irak Botschaften an einen nationalen Rezipientenkreis zu versenden. Zahlreiche Bombenanschläge sowie groß angelegte, inszenierte Hinrichtungen und Folterungen politischer und religiöser Gegner sollten als Abschreckung und Drohung gegenüber der irakischen und syrischen Zivilbevölkerung dienen. Die Organisation erzeugte dadurch unter den dort ansässigen Menschen und bei den instabilen Regierungen Furcht und Schrecken. Gleichermaßen stand bei dieser Strategie aber auch die Rekrutierung von Sympathisanten im Blickpunkt. Diese Kommunikationsstrategie sollte zunächst Machtansprüche in diesen Ländern etablieren und die Gesellschaften spalten. Verstärkt wurde dieser Effekt durch die rasante geografische Expansion des „IS“. Millionenmetropolen wie Mossul, Raqqa oder auch Kubane wurden in wenigen Tagen vollständig erobert, was die Durchsetzungskraft der Organisation nachhaltig unterstrich.

Eine zweite Phase der Kommunikationsstrategie zeigte sich im Anschlag auf das französische Satiremagazin Charlie Hebdo in Paris am 7. Januar 2015. Der Rezipientenkreis wurde dadurch von einem nationalen zu einem transnationalen erweitert. Nicht nur der transnationale Machtanspruch, sondern auch die kommunikative Ausbreitung des „IS“ wurde so statuiert. Die darauf folgenden terroristischen Anschläge des „IS“ dienten somit hauptsächlich der Verbreitung der eigenen Botschaft und sind weniger als Rache am Westen zu verstehen. Auch die Opferzahl oder der Zerstörungsgrad der Tat selbst lässt sich durchaus als zweitrangig beschreiben. Primäres Ziel des „IS“ war und ist es, durch großangelegte und symbolträchtige Anschläge in den Mittelpunkt des öffentlichen Bewusstseins zu gelangen, Sympathisanten zu gewinnen und Reaktionen des angegriffenen Staates zu provozieren.

Auch die Attentate selbst verraten gravierende Unterschiede. Während die erste Phase der terroristischen Kommunikationsstrategie im Irak und Syrien maßgeblich von militärischen Feldzügen und Eroberungen geprägt war, finden in der zweiten Phase mehr Sprengstoffanschläge durch Selbstmordattentate oder Amokläufe statt. Der „IS“ nutzte somit den „klassischen“ Sprengstoffanschlag oder Amoklauf als terroristische Kommunikationsstrategie im Westen. Begründungen liegen hierbei sicherlich in der Durchführbarkeit eines Anschlags. So wäre ein militärischer Feldzug in westlichen Ländern unmöglich, während Bombenanschläge durchaus als umzusetzende Strategie genutzt wurden und werden. Es kann daher von einer hohen Anpassungsfähigkeit der kommunikativen Gewaltausübung durch den „IS“ gesprochen werden. Die ideologischen Ziele hingegen können als gleichbleibend beschrieben werden.

Wegen der Masse an Fällen kann diese Arbeit lediglich durch prägnante Beispiele belegen, wie der „IS“ Terrorismus als Kommunikationsstrategie einsetzt. Die zweite Phase der terroristischen Kommunikationsstrategie des „IS“ wird nun untersucht. Dies soll allerdings im Umkehrschluss nicht bedeuten, dass die erste Phase die eingangs aufgeführten Charakteristika einer Kommunikationsstrategie (Verbreitung von Angst und Schrecken, Provokation, Rekrutierung) nicht beinhaltet. Generell müssen die Taten in Syrien und im Irak unter einer anderen kommunikativen Sichtweise betrachtet werden. Hauptmotive von Anschlägen und anderen Gewaltakten dienten hauptsächlich der territorialen Expansion. Terroristische Attentate in Europa und in den USA hingegen müssen als ganzheitliche Kommunikationsstrategie verstanden werden, da sie keinerlei territorialen Anspruch erheben (vgl. Schirra, 2015, 110).

Wie bereits aufgezeigt, ist die terroristische Gewalt der Transmissionsriemen in der Kommunikationsstrategie (vgl. Glaab, 2007 98). Die Gewalt des „IS" schafft somit ein Aktionspotential. Durch ihre gewalttätigen Aktionen erreichen sie, dass ihnen die breite Massen Aufmerksamkeit zukommen lässt. Dies erreichen sie jedoch nur dann, wenn die Gewalt innovativ bleibt.

Immer wieder fragen die Medien oder Politiker nach den Ursachen für diese Aktionen des „IS". Nach den Anschlägen in Paris und Brüssel war allgemein Verunsicherung und Hilflosigkeit erkenn- und spürbar. Diese ist nicht Begleiterscheinung, sondern die beabsichtigte Reaktion. Zu den Botschaften, welche die Anschläge in Paris am 13 November 2015 verbreiten sollen, zählen die Unberechenbarkeit der Tat und, dass die Organisation auch im Westen die Propaganda des Worts durch die Propaganda der Tat ersetzt hat. Zudem wurde das Versagen des französischen Staats aufgezeigt, welches das Vertrauens der Bevölkerung untergraben soll.

Wie bereits dargestellt, können terroristische Attentate ohne erklärende Bekennerschreiben leicht missverstanden oder gezielt falsch gedeutet werden, etwa von Politikern. Der Anschlag auf die Redaktionsräume von Charlie Hebdo[29] enthielt erstmals ein neues Element. Zwar hatten zuvor schon einige Beiträge im Internet als Reaktion auf Karikaturen von Mohammed deutlich gedroht. Jedoch verzichtete der „IS" auf Bekennerkommunikation. Ein Grund ist in der Opferauswahl zu erkennen. So wurden bei diesem Anschlag, nicht wie sonst beim

---

29 Das französische Satiremagazin „Charlie Hebdo" wurde am 7. Januar 2015 Ziel eines Terrorangriffs, bei dem zwölf Menschen starben.

„IS" üblich, Unbeteiligte zu Opfern gemacht. Stattdessen hatte der „IS" mit den Satirikern Opfer gewählt, die aus seiner Sicht schon aktiv am Kampf zwischen Westen und Islam beteiligt waren. Die Botschaft der Terroristen lautete: Wer Mohammed-Karikaturen veröffentlicht, muss mit dem Tod rechnen. Ziel der Botschaft ist somit das Erzeugen von Angst und die Einschüchterung der Journalisten (vgl. Peters, 2015).

Kommunikationskraft und Botschaft des Anschlags auf Charlie Hebdo waren deutlich genug, um noch eine Erklärung zu benötigen. Lediglich die Zuordnung der Täter war missverständlich. Immer wieder wurde spekuliert, wer für den Anschlag verantwortlich war. Lediglich die im Vorfeld verfassten Drohungen ließen einen Schluss auf die Täter zu.

Der „IS" setzte in der Vergangenheit auf verschiedene Gewaltformen, um in den öffentlichen Diskurs zu kommen und auch die gewollte Botschaft zu übermitteln. Die terroristische Strategie der Geiselnahme eignet sich besonders für die Inszenierung des „Theater of Terror" (Laqueur, 1987, 45). Denn Kidnappings erstrecken sich erfahrungsgemäß über einen längeren Zeitraum und entfalten dabei dramatisches Potential (vgl. Tinnes, 2012, 16). So folgen Entführungen durch den „IS" einem klaren dramaturgischen Aufbau mit einem Beginn, Verlauf und Ende, sowie Handlungsträgern, die sich simplen dichotomischen Kategorien zuordnen lassen (Protagonisten vs. Antagonisten, Leben vs. Tod etc.). Die Taten lassen sich darüber hinaus gut personalisieren und emotionalisieren (z. B. durch Interviews mit Angehörigen). Der kommunikative Effekt wird bei Entführungen durch den „IS" besonders durch die Präsentation der Geiseln verstärkt. Das Vorführen der Entführten in orangefarbenen Overalls, welche an die Kleidung der Gefangenen in Guantanamo-Bay und in US-amerikanischen Sicherheitstrakten erinnern, erniedrigt die Geisel und teilt eine direkt an die US-Regierung gerichtete Botschaft mit. Denn letztere gilt als Verantwortliche für die jeweilige Entführung.

Am 19. August 2014 wurde dem US-Journalisten James Foley[30] in einem aufwendig produzierten Video nach einer Rede des Entfüh-

30 James Wright Foley war ein US-amerikanischer Journalist. Er wurde 2012 in Syrien entführt und im August 2014 von einem Mitglied der Terrororganisation Islamischer Staat enthauptet. Foley arbeitete als renommierter Fotograf für verschiedene Redaktionen.

rers mit einem Messer der Kopf abgetrennt. Die Aufnahmen wurden unter dem Titel „Eine Botschaft an Amerika" ins Internet gestellt. Das Internet-Video zeigt zunächst Fernsehbilder von Barak Obama, als er die jüngsten Luftangriffe auf Stellungen des „IS" im Irak verkündet. Anschließend wird Foley auf Knien gezeigt. Er ruft seine Familie und Freunde auf, gegen die amerikanische Regierung als „eigentlichen Mörder" vorzugehen. Das Hinrichtungsvideo markiert eine strategische Neuausrichtung der „IS"-Kommunikationsstrategie. Erstmals richten sich dabei die Extremisten nicht an Muslime, sondern direkt an den US-Präsidenten.

Die Inszenierung ist vor allem als an den Feind gerichtete Provokation zu deuten. Das Zur- Schau-Stellen des Gefangenen ist eine klare Botschaft, um die USA zu einer überharten und von Emotionen geleiteten Reaktion herauszufordern. Darüber hinaus richtet sich dieses Video an eine zweite Rezipientengruppe: Junge Männer und Frauen, die als Sympathisanten infrage kommen, sollen sehen, dass der „IS" seine Drohungen wahrmacht.

Darüber hinaus haben terroristische Gewalttaten des „IS" immer auch das Potential, neue Täter zu rekrutieren. Der Eindruck der Opferbereitschaft wird bei Selbstmordattentaten noch verstärkt.

Die Kommunikationsstrategie des „IS" zeigt sich auch in folgenden Beispielen. Im Februar 2016 veröffentlichte der „Islamische Staat" ein Video, das zeigte, wie Dschihadisten einen jordanischen Piloten lebendig verbrannten. Jedes Detail dieses Films war aufwendig inszeniert. Muaz al-Kasasbeh musste einen orangefarbenen Overall tragen und war in einen Käfig gesperrt. Die hochauflösende Kamera, die seinen Todeskampf aufzeichnete, gehörte zu einer teuren Ausrüstung. Die eindringlichsten Szenen der Hinrichtung wurden in verschiedenen Kameraeinstellungen eingefangen und in Super-Zeitlupe wiederholt. Der „Islamische Staat" flutete das dschihadistische Internet mit dem Film mit dem Kalkül, dass die internationalen Medien es nicht ignorieren würden. Die Berechnung ging auf. Flächendeckend wurde in allen europäischen Massenmedien von der Hinrichtung des Piloten berichtet.

Dieses Beispiel zeigt eindrucksvoll, wie der „Islamische Staat" mit aufwendig produzierten und im Internet verfügbar gemachten Videos auch die Filter der klassischen Massenmedien zu durchbrechen sucht. Die Kommunikationsstrategie verfolgt doppelte Publizität aus (zunächst eine virale Verbreitung im Internet und anschließend eine weitere durch die Massenmedien). Andere Gewalttaten, die der „IS“ gezielt inszenierte und veröffentlichte, zeigen die Zerstörung Palmyras im August 2015, die Versklavung der JesidInnen (2014–2015) und die Eroberung der Stadt Mossul.

Besonders hervorzuheben ist die Zerstörung von Palmyra. Anders als bei den Hinrichtungsvideos zeigten westliche Medien in unzensierter Form die vom „IS“ gefilmte Zerstörung von Palmyra. Die Videos zeigen, wie Bauwerke gesprengt und historische Schriften verbrannt werden. Die unzensierte Verbreitung dieser Bilder durch westliche Medien brachte einen weitaus höheren kommunikativen Effekt als die der zuvor diskutierten Gewalttaten. Die Bilder/Videos dokumentierten die Zerstörung von „Götzenbildern“, das Ende der „Vielgötterei“ sowie der Auslöschung eines kulturellen Welterbes.

Die Zerstörung von Kulturgütern ist keinesfalls eine neue Kommunikationsstrategie, da bereits andere Terrororganisationen wie Beispielsweise Al-Qaida den Symbolwert von vorsätzlich zerstörten Kulturgütern für ein hohes Medieninteresse nutzten.

Diese Beispiele zeigen weitere Grundbestandteile einer terroristischen Kommunikationsstrategie. Zunächst ist bei sämtlichen hier aufgeführten Taten eine deutliche strategische Ausrichtung festzustellen. Ort, Zeit und Durchführung der Tat waren erkennbar nach ihrem kommunikativen Wert ausgesucht worden. Die Aufarbeitung und das in Szene setzten von Gewalt und Leid beinhaltete darüber hinaus die Erzeugung von Angst und der Verunsicherung. Provozierend wirken dagegen die Videos durch ihre Aufmachung auf den anvisierten Feind. So wurden in einigen Videos Sequenzen von Reden westlicher Staatspräsidenten eingespielt oder durch klare Schuldzuweisungen die Schuld für die Tat bei den jeweiligen Feinden gesucht. Das Prinzip der Provokation ist daher deutlich erkennbar.

Zusammenfassend können den Gewalttaten des „IS“ folgende drei kommunikative Aspekte zugesprochen werden: Zentral ist die Erzeugung von starken emotionalen Reaktionen. Gefühle der Furcht und des Schreckens, zumindest starker Verunsicherung bei den Feinden sind erwünscht. Diese werden mit Hilfe von Medien transportiert und verstärkt. Trotz Charlie Hebdo und Bataclan, trotz Würzburg[31] und Ansbach[32] gibt es in Europa aktuell – verglichen mit den 1970er- und 1980er Jahren – selbst nach den Anschlägen von Paris, Brüssel und jüngst auch in Deutschland vergleichsweise wenige Terrorattacken. Dennoch zeigen Umfragen eine erhöhte Angst der Bevölkerung vor terroristischen Anschlägen. Eine Forsa-Umfrage vom 15.07.2016 mit 1.002 Teilnehmern zeigt, dass 39 Prozent der Befragten angaben, dass sie aus Angst vor Terroranschlägen nur mit einem unguten Gefühl auf Großveranstaltungen gehen. Kurz vor den Anschlägen am 13. November in Paris hat eine weitere Umfrage gezeigt, wovor die Deutschen sich 2015 am meisten fürchteten: 52 Prozent hatten Angst vor Terror. Im Jahr zuvor hatten ganze 13 Prozent weniger Furcht vor Anschlägen. Keine andere Sorge war binnen eines Jahres so angestiegen (vgl. Terrorismus - Statista-Dossier 2016). Besonders direkt nach Anschlägen zeigen Umfragen eine erhöhte Angst vor Terror. Die Kommunikationsstrategie des „IS“ versucht daher immer möglichst viel Unsicherheit und Angst in der Bevölkerung aufrecht zu halten.

Als weiteres Element sind überstürzte, von einer gewissen Panik diktierte Schutz- und Vergeltungsmaßnahmen von Seiten des angegriffenen Staates erwünscht. Seit den Anschlägen in Paris, Nizza und Brüssel wurden die Sicherheitsmaßnahmen an öffentlichen Plätzen und Gebäuden verstärkt, aber auch Gesetzesänderungen und Einschränkungen, etwa des Datenschutzes, sind Reaktionen darauf. Nach den terroristischen Anschlägen vom 13. November 2015 wurde in Frankreich der Ausnahmezustand ausgerufen, der bis heute gilt. Militärische Reaktionen waren beispielsweise Bombardements der französischen Luftwaffe von „IS“-Stellungen in Syrien und Irak.

Mag die Kommunikationsstrategie der Terroristen des „IS“ auch rational zu fassen sein – die Tötung von Zivilisten ist ein Mittel, das

---

31 Bei einem Anschlag in einer Regionalbahn bei Würzburg am 18. Juli 2016 verletzte ein minderjähriger Syrer fünf Menschen mit einem Beil und einem Messer, vier davon schwer. Der Täter wurde in der Folge von einem Spezialeinsatzkommando (SEK) der Polizei erschossen.

32 Am 24. Juli 2016 wurde ein islamistischer Terroranschlag in der Altstadt von Ansbach (Bayern) verübt. Dort zündete ein 27-jährige syrische Flüchtling (Mohammed Daleel) vor einem Weinlokal eine Rucksackbombe, verletzte damit 15 Personen und kam selbst ums Leben. Der Attentäter hatte seit zwei Jahren in Deutschland gelebt und Verbindungen zur Terrormiliz „Islamischer Staat“.

nur schwer zu rechtfertigen ist. Dieses Dilemma erkennen auch die Terroristen des „IS“. Deshalb verweisen ihre Bekennerschreiben stets auf die zuvor erfolgte Tötung von Zivilisten bei westlichen Militäroperationen. Genau diese unschuldig getöteten Muslime verschaffen den Terroristen kommunikativ die Möglichkeit zur „Vergeltung“ (vgl. Peters, 2015).

Die Unterstützung und aktive Mithilfe beim angestrebten Kampf ist die dritte Kernbotschaft der terroristischen Gewalttaten des „IS“. Aufrufe zur aktiven Unterstützung im Kampf gegen den Westen enthalten viele Bekennervideos des „IS“.

Diese Dreiersequenz gilt für das klassische terroristische Kalkül und findet sich in der Kommunikationsstrategie des „IS“ exemplarisch wieder.

Ein Beispiel dafür, dass nicht alle terroristischen Taten medienwirksam und in kommunikativer Hinsicht geeignet sind, zeigte sich bei der Verfolgung und Versklavung der JesidInnen[33] durch „IS“-Einheiten im Zeitraum 2014 bis 2015. Bilder und Videos zu diesen Taten finden sich nur sehr vereinzelt und in schlechter Qualität. Anders als die bisher analysierten Attentate, Zerstörungen oder Morde, die mit aufwendiger Technik inszeniert und massenwirksam zusammengeschnitten wurden, wurden diese Gräueltaten des „IS“ nicht medienwirksam zu Propaganda Zwecken genutzt. Gründe hierfür sind vor allem in der Rechtfertigung der Taten und der Vermittlung der Botschaft auszumachen. Denn nicht alle Gewalttaten des „IS“ lassen sich für kommunikative Zwecke nutzen. Jesidinnen, die aus der Gefangenschaft des „IS“ entkommen konnten oder gegen Lösegeld freigelassen wurden, berichteten von systematischen Vergewaltigungen, Freiheitsentzug und Gewalt (vgl. Bericht von Amnesty International, 23.12.2014).

Dass die Inszenierung der Taten unterblieb, kann so interpretiert werden, dass nach ihnen sozusagen in der Gesellschaft und/oder der Anhängerschaft keine Nachfrage bestand. Die Kommunikationsstrategie des „IS“ wäre dann den Bedürfnissen seines Publikums ange-

33 Die Jesiden stammen aus dem Irak, aus Syrien, Iran und der Türkei. Sie leben vor allem in der Gegend um die nordirakische Stadt Mossul und im nahe gelegenen Sindschar-Gebirge. Wegen Verfolgungen, Diskriminierungen oder Anfeindungen in ihren Heimatländern sind viele ins Ausland geflohen. Ihr Glauben enthält Elemente anderer Religionen wie der Zoroastrier, Juden, Christen und Muslime.

passst worden. Denn jede Kommunikationsstrategie steht und fällt mit ihren Rezipienten. Wer es versäumt oder ignoriert, sich mit seinen Adressaten und mit ihren Bedürfnissen näher zu beschäftigen, riskiert, seine Botschaft nicht erfolgreich zu übermitteln. Der „IS" hat die Wichtigkeit einer Rezipientenanalyse erkannt und seine Kommunikationsstrategie in diesem Sinn ausgerichtet (vgl. Jirschitzka, 2010, 82). Dieses Beispiel zeigt zudem deutlich die strategische Ausrichtung der Kommunikation. Gewalttaten, welche nicht zur Übermittelung von Botschaften dienen, werden medial nicht aufgearbeitet.

7.3 Mediennutzung durch den IS

Die Propagandisten des „Islamischen Staates" sind Meister der Inszenierung. Sie integrieren Journalisten und deren Reaktionen in ihre Planung. Denn Aufmerksamkeit und Öffentlichkeit sind der Sauerstoff des Terrorismus (vgl. Fetscher, 1981 145). Und mehr als jede andere Gruppe entscheiden Journalisten über die Verteilung dieser beiden Ressourcen.

Islamistische Terroristen haben eine neue Dimension der Medienpräsenz erreicht, was auch an ihren besonders ausgeklügelten Kommunikationsstrategien liegt. Ihre im Vergleich zu anderen terroristischen Gruppen größere Medienpräsenz ist auf drei weitere Faktoren zurückzuführen: Erstens ist die Kommunikationsstrategien des „IS" aus dem spezifischen Mediengebrauch unterdrückter Gruppen in den autoritären Systemen des Nahen Ostens entstanden. Dieser Mediengebrauch ist gekennzeichnet von einer cross-medialen Nutzung kleiner Medien und Massenmedien und ist sowohl auf nationale als auch auf globale Zielöffentlichkeiten gerichtet. Zweitens präsentieren die islamistischen Terroristen in den von ihnen produzierten Images ein dichotomes Weltbild, das als Realisierung der westlichen Konstruktion des Orients zu verstehen ist, also Folge der Zuschreibung kultureller Andersartigkeit durch den Westen ist. Drittens wird dieses Weltbild dankbar von den Massenmedien sowohl in der arabischen als auch in der westlichen Welt aufgenommen, da diese Konstruktionen von beiden Seiten verstanden und von den Medien als bekannte „Frames" übernommen werden können (vgl. Glaab, 2007, 75).

Visuelle Inhalte sind im Rahmen der strategischen Kommunikation des „IS" von zentraler Bedeutung (vgl. Zelin, 2015). Doch obwohl er außergewöhnlich stark auf visuellen Inhalten basiert (vgl. ebd., S. 89), ist dieser spezifische Modus der terroristischen Kommunikation vergleichsweise schlecht erforscht. Nur wenige Arbeiten setzen sich explizit mit Bildmaterial auseinander. Enthauptungs-Videos bei Youtube, radikale Aufrufe bei Twitter: Der Krieg des „Islamischen Staats" zeigt sich besonders deutlich im Internet und in den sozialen Netzwerken. Junge Muslime werden durch Web-Videos radikalisiert und folgen den Aufrufen zum Kampf nach Syrien oder in den Irak. Für Al-Qaida, den „Islamischen Staat" und andere sind eigene Foren und Webseiten, Instant Messenger wie Kik oder WhatsApp sowie soziale Medien wie Twitter, Facebook oder Ask.fm eine wichtige Plattform für Propaganda, Rekrutierung sowie Organisation und Logistik. Wie wichtig neue Medien für den „IS" sind, wird aus einem Brief vom 5. Juli 2005 vom jüngeren Bruder des Anführers Abu Musab al- Zarqawi, Aiman al-Zawahiri deutlich. Dort heißt es übersetzt:

> „Unser vorgebliches Ziel ist das Kalifat im Sinne des Propheten […] Wir sind in einem Krieg, der zur Hälfte auf dem Schlachtfeld der Medien stattfindet […]. In diesem Krieg geht es um die Herzen und Gedanken der muslimischen Gemeinschaft" (zitiert nach Schirra, 2015, 77).

Diese mediale Kommunikationsstrategie lässt sich als „Ikonographie des Schreckens" bezeichnen. Georg Frank spricht in diesem Zusammenhang von einer vom „IS" perfektionierten Aufmerksamkeitsökonomie (Frank, 2013, 11). Heutzutage sind Klicks, Tweets usw. als Einnahmequellen. Der „IS" sucht immer mehr Aufmerksamkeit zu erhalten und verfährt nach dem Grundsatz: je gewaltsamer und spektakulärer die Tat, umso höher die Aufmerksamkeit.

Der Zusammenhang zwischen „Islamischem Staat" und den Medien wird nun erläutert. Denn obwohl das Internet zentral für die Medienarbeit des „IS" ist, nehmen klassische Massenmedien (Print, Fernsehen, Radio) weiterhin einen großen Raum in der Medienlandschaft ein. Der pluralisierte Zugang zum Internet gibt zwar auch marginalisierten Akteuren eine reale und preiswerte Möglichkeit, Bilder und Texte zu produzieren und zu verbreiten. Doch ohne Anbindung an die Massenpresse bzw. den Rundfunk können sie Breitenwirkung und damit Deutungsmächtigkeit nicht entfalten.

Zwar hat die Einführung des Internets in einigen Bereichen die Abhängigkeit terroristischer Organisationen von den Massenmedien verringert. Denn unzensierte „IS"-Veröffentlichungen von Bildern, Texten und Videos sind problemlos im Internet verfügbar. Trotzdem muss der „IS" immer auch daran interessiert sein, in den Massenmedien beachtet zu werden. Das liegt an deren größerem Wirkungsradius. Um Bilder oder Videos des „IS" im Internet zu sehen, bedarf es einer gewissen Grundmotivation des Rezipienten. Sendeplätze bzw. Bilder und Texte in den Massenmedien beispielsweise in Sondersendungen im Fernsehen verlangen kaum derartiges Engagement. Daher wäre es durchaus als falsch zu bezeichnen, dass durch die Etablierung des Internets die Bedeutung der Massenmedien herabgesetzt wurde. Sicherlich besteht auch weiterhin eine Angewiesenheit auf traditionelle Medien, sodass der „IS" in gewisser Weise weiter von Journalisten und klassischen Massenmedien abhängig ist.

Abschließend kann daher gesagt werden, dass die Mediennutzung des „IS" vielschichtig und auf dem neusten technischen Stand ist. Sowohl in der Nutzung unterschiedlicher Medien (Internet, Printmedien, Fernsehen, Radio) als auch in der Aufbereitung des Materials zeigen die Terroristen des „IS" einen hohen Grad an Anpassungsfähigkeit. Terroranschläge werden nachträglich wie ein moderner Actionfilm bearbeitet, Aufrufe zu Terroranschlägen werden in einschlägigen Foren einer breiten Öffentlichkeit zu Verfügung gestellt, illusorische Bedingungen werden suggeriert, um Rekruten zu erzeugen, Hinrichtungsvideos und Bilder zeigen die volle Brutalität und erzeugen Angst und Unsicherheit bei ihren Gegnern.

Terrorakte in Europa und den USA sind der Versuch, höchstmögliche kommunikative Wirkung zu erlangen. Dies gelingt dem „IS" durch spektakuläre Anschläge in Europa und den USA mit vielen Opfern problemlos. Für Bekennerschreiben bzw. Videos und Audiobotschaften werden die westlichen Massenmedien nicht direkt benötigt, da jene im Internet veröffentlicht und oftmals erst dann von den Medien aufgenommen werden.

Das Internet ist ohne Zweifel zum wichtigsten Werkzeug des „IS“ für den „Heiligen Krieg“ geworden, denn es ist den Terroristen gelungen, die Funktion der Trainingslager in die virtuelle Welt zu übertragen (vgl. Rohde, 2002). Über das Internet werden junge Muslime für die Sache begeistert und mit Anleitungen für ihren „Do-it-yourself“-Dschihad (Bötticher, 2012, 268) versorgt. Sie kommunizieren per Email und in Chatrooms, und sie planen ihre Anschläge mit allen Tricks, die die Technologie zu bieten hat. Terrororganisationen wie der „IS“ verwenden das Internet vor allem zu Rekrutierung und Verbreitung von Propaganda, aber auch für die psychologische Kriegsführung. Sie lancieren u. a. Falschmeldungen, um die Angst vor terroristischen Anschlägen präsent zu halten und dem Feind seine Hilflosigkeit zu verdeutlichen.

Die Mediennutzung des „IS“ ist sehr professionell angelegt. Sowohl eigene als auch andere Medien werden für die Verbreitung und Veröffentlichung von Propaganda- und Bekennermaterial genutzt. Doch durch das Einsetzten von eigenen medialen Kanälen ist die Abhängigkeit von etablierten Massenmedien klar gesunken ist. Moderne Technik wie Handy-Kameras, mobiles Internet und Livestreams erleichtern die Verbreitung von Botschaften.

7.4 Propaganda und Rekrutierung des IS

Wie keine andere Terrorgruppe zuvor wirbt der „Islamische Staat“ für seine Sache und nutzt das Internet für seine Propaganda. Die Dschihadisten kapern auf Twitter trending topics, organisieren sich auf Facebook oder verschicken ihre Botschaften über eigene Onlinemagazine und Radiostreams.

In den Reihen des „IS“ weiß man, wie und wo junge Leute erreicht werden: in sozialen Netzwerken wie Facebook und Twitter. Das Social Web ist für die Verbreitung islamistischer Propaganda zentral. Nahezu alle großen Plattformen haben Inhalte aus diesem Spektrum.

Die Foren bilden bis heute den Kernbereich des Internets und sind immer noch der wichtigste Ort, an dem Materialien an die Öffentlichkeit lanciert, Informationen ausgetauscht und Diskussionen geführt werden (vgl. Steinberg, 2012, 13).

Dass der virtuelle Kommunikationsraum zu einem unübersichtlichen Sammelbecken des internationalen Terrorismus geworden ist, zeigen vor allem die Studien des Kommunikationsprofessors Gabriel Weimann von der Haifa Universität in Israel: Laut Weimann ist der Cyberspace der Ort, an dem Terroristen und ihre Sympathisanten nicht nur untereinander Kontakt aufnehmen, sich konspirativ verabreden und unerkannt Informationen austauschen, sondern auch ein quasi-professionelles „Fundraising" betreiben und neue Mitglieder, darunter sogar Kinder und Frauen, rekrutieren, indoktrinieren und für ihre perfiden Zwecke instrumentalisieren. Wegen seiner dezentralen Struktur und den multimedialen Angebotsplattformen, auf denen Schrift, Grafiken, Audio- und Bildsequenzen miteinander verknüpft werden können, eignet sich das Internet, so Weimann, optimal als „die neue Arena" für terroristische Aktivitäten (Weimann, 2006, 65).

Der „Islamische Staat" fordert die Muslime weltweit auf, sich ihm anzuschließen und so das propagierte Kalifat auszubauen. Ein prägnantes Beispiel für erfolgreiche Rekrutierungs- und Propagandakampagnen ist das Online-Magazin Dabiq[34]. Dieses professionell gestaltete Hochglanzmagazin des „IS" publiziert sowohl aktuelle Bekennerschreiben als auch Aufforderungen und Drohungen für künftige Anschläge.

Der „Islamische Staat" veröffentlichte 2014 im Internet unter dem Namen Dabiq eine eigene Propagandazeitschrift. Die mit zahlreichen großformatigen Fotos hergestellte Publikation mutet dabei wie ein modernes Magazin an und ist optisch durchaus mit dem seit mehreren Jahren bekannten Magazin „Inspire" von Al-Qaida vergleichbar. Fotos von fröhlich spielenden „IS"-Kindern werden mit solchen kontrastiert, die verstümmelte Babyleichen zeigen, Aufnahmen verbrannter feindlicher Soldaten erscheinen neben jubelnden Dschihadisten, Hinrichtungsbilder oder Fotos zerschossener Gesichter finden sich neben blühenden Kirschbäumen. Bilder und Texte spiegeln die simple Weltsicht der Terroristen wider: Es gibt nur Gut oder Böse, Gläubige oder Ungläubige. Dabiq ist zwar das „Leitmedium" der Propaganda des „IS". Es wird aber flankiert von zahlreichen weiteren Einzelschrif-

34 „Dabiq" wird vom al-Hayat Media Center, der Medienabteilung des Islamischen Staates herausgegeben. Die Online-Publikation erschien erstmals im Juli 2014 im PDF-Format auf Englisch.

ten sowie von Audio- und Videobotschaften, die von den Medienstellen des „IS“ (das al-Hayat Media Center und die al-Furqan Media Foundation) professionell aufbereitet und verbreitet werden. Hier kommen sowohl Vertreter der Bewegung, wie auch einzelne ausländische Kämpfer zu Wort, die sich in ihren Auftritten insbesondere an die Bevölkerung ihrer jeweiligen Heimatstaaten richten. So zum Beispiel der ehemalige Berliner Gangsterrapper Denis Cuspert, der zunächst seinen Treueschwur (bai´a) auf den „IS“ ablegte und seitdem zur Ausreise in das „Kalifat“ oder auch zu Anschlägen auf deutschem Boden aufruft (vgl. Schirra, 2015, 302).

Nach eigener Aussage ist das Blatt auf fünf Themenbereiche fokussiert: Tawhid (Einzigkeit Allahs), Manhaj (Methodik, Lebensweise), Hijrah (Migration in das Land des Islam), Jihad (Anstrengungen auf dem Weg Gottes) und Jama'ah (Gemeinschaft).

Das Magazin wendet sich auch an bereits entschlossene Anhänger der Bewegung, um ihnen zu verdeutlichen, dass die angestrebten Ziele ganz real verwirklicht werden können und in den eroberten Gebieten bereits verwirklicht worden sind. Es trägt so zur inneren Festigung der Bewegung bei. Vorrangig dient die Zeitschrift aber der Rekrutierung von weiteren Kämpfern für den „Islamischen Staat“. Dabei hat die Bewegung klar auch Islamisten in Europa und den Vereinigten Staaten von Amerika im Blick. Mittlerweile existieren weitere Magazine, die in ihrem Aufbau und Inhalt Dabiq ähneln, jedoch andere Sprachräume erreichen sollen. Zu nennen wären Dar al-Islam (Gebiet des Islams) für den französischen, Konstantiniyye (Konstantinopel) für den türkischen sowie Istok (Ursprung) für den russischen Sprachraum.

Ein weiteres Ansinnen von Dabiq ist das Suggerieren der Staatlichkeit des „IS“. Die Zeitschrift informiert über Fortschritte im Krieg gegen die „Ungläubigen“ (Niederlagen werden in der Regel verschwiegen oder relativiert), das Gesundheitswesen im Islamischen Staat, Altenheime und Kindererziehung oder die Bestrafung von Kriminellen und enthält religiöse Unterweisungen der Zivilbevölkerung. Die Publikation ist das offizielle Staatsorgan des Kalifats, ihre Berichte sollen den Eindruck eines funktionierenden Staatswesens vermitteln. Hierin unterscheidet sich Dabiq von dem seit mehreren Jahren bekannten englischsprachigen Online-Magazin Inspire der Terrorgruppe Al-

Qaida, das vor allem radikalisieren will, zu Anschlägen aufruft und auch gleich die benötigten Bombenbauanleitungen mitliefert.

Dabiq ist also eine Plattform für die Rekrutierung und die Veröffentlichung von Bekennerschreiben. Zudem werden die Adressaten über begangene Attentate informiert. Der kommunikative Rang der Publikation für die Übermittlung von terroristischen Botschaften und Informationen ist recht hoch. Die terroristische Kommunikationsstrategie des „IS“ ist hierin deutlich erkennbar.

8 Vergleich der Kommunikationsstrategien

Nachdem diese Arbeit die Kommunikationsstrategien der RAF und des „Islamischen Staates" analysiert hat, vergleicht dieses Kapitel diese Strategien miteinander. Ausgehend von der Forschungsfrage, inwieweit Terrorismus als reine Kommunikationsstrategie verstanden werden sollte, geben die hier diskutierten Beispiele einen guten Einblick in die terroristische Kommunikation. Der Vergleich der Kommunikationsstrategien von RAF und „IS" zeigt, dass trotz gravierender ideologischer Unterschiede auch Ähnlichkeiten bestehen. Denn sowohl die islamistischen Terroristen als auch die Mitglieder der RAF bedienen bzw. bedienten sich der Propaganda der Tat, des Wortes sowie moderner Kommunikationstechnologien. Zwar setzen die Islamisten vor allem auf äußerst rücksichtslosen Handlungsterrorismus (bspw. Verfolgung der Jesidinnen, oder auch Anschläge auf Bahnhöfe, Cafés oder öffentliche Gebäude), der sich gezielt gegen Unbeteiligte richtet. Dies bedeutet aber nicht, dass sie dabei gänzlich andere Kommunikationsstrategien verfolgen als die RAF. Im Folgenden sollen daher die im Kapitel 4 erarbeiteten Kategorien auf die beiden Akteure angewendet werden.

Trotz zahlreicher Unterschiede existieren auch Gemeinsamkeiten zwischen „altem" (RAF) und „neuem" Terrorismus („Islamischer Staat"). Auch wenn beide Organisationen das erklärte Ziel verfolgen, das bestehende gesellschaftlich-politischen Ordnungsgefüge umzustürzen, werden sowohl die ideologischen Unterschiede als auch die zeitlichen Unterschiede bei Betrachtung der Kommunikationsstrategien nicht berücksichtigt. Terrorismus als Kommunikationsstrategie zu verstehen, bedeutet demnach, die terroristische Tat als eine kalkulierte Methode der Kommunikation einzusetzen. Besonders die gravierenden Veränderungen unseres Informationsraums, bedingt durch das Aufkommen der neuen Medien (vornehmlich des Internets) haben den Eindruck entstehen lassen, der „IS“ verwende neue Kommunikationsstrategien. Jedoch findet sich trotz dieser Annahme eine Vielzahl an Ähnlichkeiten in der kommunikativen Strategie zwischen RAF und „IS“. Besonderen Stellenwert haben die Symbolkraft und die Medienwirksamkeit eines Anschlags.

Die eingangs aufgezeigten Eckpfeiler terroristischer Kommunikationsstrategien (Verbreitung von Angst und Schrecken, Rekrutierung und Bildung von Sympathisanten sowie die Provokation des Feindes) sind bei beiden Akteuren deutlich erkennbar. Das Kalkül beider Organisationen zeigt darüber hinaus den Fokus auf die mediale Verwertbarkeit der Taten. Die RAF wie auch der „IS“ hat die Wichtigkeit einer Rezipientenanalyse verinnerlicht und ihre Kommunikationsstrategie an dieser Erkenntnis ausgerichtet. Wie in den Kapiteln 6.3 und 7.2 aufgezeigt, gehen bzw. gingen „IS“ und RAF bewusst strategisch vor. So ist beispielsweise die schnelle Anpassung an die erreichbaren Rezipienten ein deutliches Merkmal beider Akteure. Anschlagsziele und das gezielte Hinauszögern der Veröffentlichung von Videomaterial (Erklärungen und Botschaften werden bei beiden Akteuren meistens zeitlich zur Tat versetzt veröffentlicht) zeigt ebenso klar strategisches Vorgehen. Des Weiteren zeigte sich, dass Attentate, deren Botschaften sich rückblickend nur schlecht vermitteln ließen (Anschlag auf das Axel Springer Haus (RAF) oder die Verfolgung der Jesidinnen („IS“)), von den jeweiligen Akteuren nicht in die Kommunikationsstrategie integriert wurden. Die mediale Präsentation der Tat wurde somit auf die Rezipienten angepasst, im Vorfeld akribisch geplant und bei Misserfolg verändert. Es kann daher bei beiden Akteuren von einer bewussten strategischen Kommunikation gesprochen werden. Weitere Beispiele für dieses Vorgehen bieten die zahlreichen Entführungen durch die „RAF und den „IS“ zu finden. Die Inszenierung von Entführungen in Medien zeigt die strategische Ausrichtung deutlich. Die Entführungen von Hans Martin Schleyer (RAF) und James Foley („IS“) verraten das Kalkül bei Opferauswahl und Präsentation der Opfer.

Die Untersuchung von RAF und „IS“ konnte zeigen, dass die zu vermittelnden Botschaften folgenden Grundinhalt teilen: Die Botschaften sollen auf als Missstände gedeutete Verhältnisse aufmerksam machen. Im Fall der RAF war dies die die ungebremste Ausdehnung des Kapitalismus qua Imperialismus, während der „IS“ gegen die weltweit als Unterdrückung wahrgenommene Lage der Muslime aufmerksam machen will. Beide wollen durch terroristische Gewalt die jeweils zu befreienden Massen aufrütteln.

Wichtiger Bestandteil der Kommunikationsstrategien von RAF und „IS" besteht in der Erzeugung von Unsicherheit und Angst in der Bevölkerung. Dieser Effekt ist der wichtigste und effektivste. Die unvorhersehbaren Anschläge beider Terrororganisationen sollten das Sicherheitsversagen des Staates und die Botschaft der absoluten Überzeugung der Täter widerspiegeln. Die allgemeine Verunsicherung und übertriebene Sicherheitsmaßnahmen von staatlicher Seite sind gewollte Reaktionen.

Die Beispiele zeigen, dass RAF und „IS" einen der drei hauptkommunikativen Effekte von terroristischen Taten, die Erzeugung von Angst und Schrecken, beabsichtigen. Den größten Wirkungskreis, um Menschen einzuschüchtern, erreichen Terroristen durch Verbreitung von Videos, Fotos und die Berichterstattung ihrer Taten in den Massenmedien. Daher werden Anschläge häufig auch im Hinblick auf ihre Verwertbarkeit als Inszenierung geplant. Wäre es beispielsweise den Terroristen des „IS" am 13. November 2015 in Paris gelungen, mit ihren Bomben in den Zuschauerraum des Stade de France[35] zu kommen, hätten Millionen Menschen vor den TV-Geräten einem Massenmord live zugesehen. Auch das zeigt, wie sehr der Terrorismus auf Medien abzielt.

Terroristisches Kalkül ist ein vielschichtiges Phänomen. Trotz grundlegender Unterschiede im Hinblick auf Ideologien und historische Bedingungen haben die Aktivitäten von RAF und „IS" klar formale Gemeinsamkeiten. Ein Hauptkriterium des terroristischen Kalküls ist bei beiden Akteuren Provokation des Feindes.

Dieses Prinzip zeigte sich bereits in den Anfangszeiten der Roten Armee Fraktion, zu deren wichtigsten Zielen der Wille zählte, dem Rechtsstaat „die Maske herunterzureißen" und ihn durch neuartige Kampfmethoden zu zwingen, gegen sein eigenes Recht zu handeln.

35 Im Stade de France fand am 13. November 2015 vor rund 80.000 Zuschauern das Freundschaftsspiel zwischen der französischen und der deutschen Fußballnationalmannschaft statt. Bei der Sportveranstaltung, die per Direktübertragung in 66 Ländern ausgestrahlt wurde, waren Staatspräsident François Hollande und der deutsche Außenminister Frank-Walter Steinmeier anwesend.

Der demokratisch verfasste Rechtsstaat sollte als der alte, autoritäre und letztlich entfesselte Staat „entlarvt" werden (vgl. Gusy, 2007).

Die Provokation soll den Feind entlarven. Dieser soll sich durch seine Reaktion desavouieren und als maßlos, ungerecht, brutal – kurzum als der eigentliche Angreifer – erscheinen. Der tiefere Sinn der Provokation und des Terrorismus als eine ihrer Spezialformen liegt darin, für das Publikum einen Rollenwechsel zu inszenieren: vom Angreifer zum Angegriffenen zu werden und den Angegriffenen als den Angreifer hinzustellen. Wenngleich diese Absicht durchsichtig erscheinen mag, ist sie doch nicht leicht zu durchkreuzen. Denn reagiert der Provozierte nicht, so riskiert er, sein Gesicht zu verlieren und der Schwäche bezichtigt zu werden; umgekehrt wird rasch der Vorwurf unverhältnismäßiger Härte gegen ihn erhoben, wenn er zu energischen Gegenmaßnahmen greift (vgl. Waldmann, 2002, 17). Der offensive Normbruch, der als Übergriff die Gegenseite verletzt, bloßstellt und damit die Situation für alle Beteiligten, also auch die Zuschauer, emotional auflädt, findet sich sowohl in den Aktionen des „IS" als auch denen der RAF. Direkte Schuldzuweisungen an den jeweiligen Staat sind gezielte Provokationen. Beispiele sind hierfür die zahlreichen vom „IS" entführten westlichen Journalisten und Mitarbeiter von Hilfsorganisationen. Aber auch die RAF erkannte schnell, dass der kommunikative Effekt einer Entführung sowohl langanhaltend als auch stark provozierend gegenüber dem verfeindeten Staat ist. Die öffentliche Zurschaustellung von Entführungsopfern garantiert zuverlässig überdurchschnittliches Medieninteresse. Die Berichterstattung bietet Terroristen dauerhaft eine kommunikative Bühne, die sich durch Lancieren von neuem Videomaterial beliebig lange bespielen ließ. Die kommunikative Strategie, Geiseln zu instrumentalisieren, um Druck auf die Erpressungsopfer auszuüben, zeigten beide Akteure. Entführungen bieten neben der nachhaltigen Demütigung von Opfer und erpresstem Gegner auch Gelegenheit zum zynischen Vorwurf, der Staat hätte die Geisel im Stich gelassen.

Die dritte von beiden Organisationen genutzte Kategorie der Kommunikationsstrategien betrifft die Rekrutierung von Sympathisanten durch Anschläge. Rückblickend zeigt sich, dass die RAF kaum Erfolg bei der Rekrutierung durch Terroranschläge hatte. Diese Arbeit argumentiert, das habe vor allem an diesbezüglich mangelnder Kommunikation und der Selbstbezogenheit der Gruppen gelegen. Dennoch belegen Schriften und Briefverkehr der RAF-Mitglieder, dass Terroranschläge auch zur Rekrutierung und Mobilisierung der Masse eingesetzt werden sollten, um das ausgegebene Ziel zu erreichen. Die RAF wollte durch gezielte Anschläge der zu befreienden Masse den Anstoß zur Selbstbestimmung geben.

Als durchaus erfolgreich und durchsetzungsfähig zeigt sich indes die Kommunikationsstrategie des „IS" in puncto Rekrutierung. Anders als zu Zeiten der RAF erhalten die Taten und die damit verknüpften Aufrufe des „IS" viel Zustimmung in den jeweiligen Sympathisantenszenen. Der Erfolg der Propaganda und die damit einhergehende Rekrutierung von Kämpfern geht aus einem Bericht hervor, den die in den Vereinigten Staaten ansässige „Soufan Group" veröffentlicht hat. Danach wird eine Zahl von ca. 20.000 bis 32.000 „IS"-Kämpfern angenommen (Stand Dezember 2015). Knapp die Hälfte davon seien Iraker oder Syrer, die andere Hälfte komme aus Drittländern (vgl. Barrett, 2015, 14). Die Zuverlässigkeit dieser Zahlen lässt sich nur schwer abschätzen, doch andererseits verfügt der „IS" im Gegensatz zu vergleichbaren Terrororganisationen über eine überdurchschnittlich hohe Zahl rekrutierter Kämpfer. Die Gründe der aktiven Teilnahme beim „IS" sind vielfältig und in dieser Arbeit nicht zu erfassen.

Es zeigen sich somit zusammenfassend eine hohe Übereinstimmung in der Kommunikationsstrategie des „IS" und der RAF in den Punkten: Verbreitung von Angst und Schrecken, Provokation des Feindes und Rekrutierung. Terroristische Attentate sind Mittel zum Zweck der Aufmerksamkeitserzeugung. Dennoch finden sich noch weitere Parallelen zwischen den genannten Akteuren in den Punkten: Botschaften, Umgang und Nutzung der Medien sowie in den Rezipienten.

In der Kommunikationsstrategie des Terrorismus reicht der Anschlag in Isolation nicht aus, um Botschaften zu übermitteln. Kampagnen sind im Sinn der terroristischen Logik erst dann erfolgreich, wenn bekannt wird, wer dafür verantwortlich ist. Deshalb ist die Propaganda der Tat stets durch die Propaganda des Wortes zu ergänzen. Sowohl die RAF als auch der „IS" haben viele Bekennerschreiben, theoretische Abhandlungen und multimediale Artefakte veröffentlicht, in denen sie nicht nur die Verantwortung für ihre Anschläge übernehmen, sondern auch ihre Beweggründe legitimieren und ihre

Ziele offenlegen. Zwar verfassten auch die Mitglieder des „IS" Bekennerschreiben, vor allem setzten sie jedoch auf bildmächtigere Mittel. Eine große Rolle spielt hier die Eigendarstellung der Akteure, die sich und ihr Handeln – im Sinn der klassischen „PR" – in möglichst günstigem Licht präsentieren wollen. Ein zentrales rhetorisches Konzept, mit dem sich beide Akteure in ihren Verlautbarungen in Szene setzten, ist das der revolutionären Avantgarde.

Sie präsentieren sich als „Macher", die nicht länger bereit sind, bestehende „Missverhältnisse" hinzunehmen und daher uneigennützig für die Masse eintreten, von der sie sich dadurch abheben, dass sie zum aktivem Handeln bereit sind, bis hin zu einer Anwendung von Gewalt (vgl. Tinnes 2012, 6). Die Gewalt, die sie anwenden, stellen beide Akteure als Mittel zum Zweck dar, das ihnen von ihren Gegnern aufgezwungen wird. Sowohl die RAF als auch der „IS" porträtieren sich als Sprachrohr der Unterdrückten, die von Staatssystemen verfolgt, gefoltert und ermordet werden. Angesichts der Übermacht des Gegners bleibt ihnen zur Verteidigung lediglich die terroristische Gewalt. Aus diesem Konzept der Selbstviktimisierung leiten beide Organisationen positive konnotierte Begriffe ab. Die RAF instrumentalisierte den Begriff des „Widerstandskämpfers" dabei im gleichen Maß wie der „Islamische Staat".

Darüber hinaus zeigen sich bei „IS" und bei der RAF hohe Übereinstimmungen im Ablauf der Kommunikationsstrategie. Bei beiden Akteuren ist zunächst eine im Vorfeld stattfindende Drohkommunikation (Drohungen und Ankündigungen von Anschlägen) festzustellen. Diese dient auf der einen Seite zur Interessengewinnung der medialen Aufmerksamkeit, aber auch zur Erzeugung von Angst und Schrecken in der Zivilbevölkerung. Dann folgt die Gewalttat selbst, die laut Definition von Waldmann selbst bereits ein Kommunikationsakt ist. Sinn erhält die Tat jedoch erst durch die die Bekennerkommunikation (Erklärung und Rechtfertigung der Tat).

Die zu vermittelnden Botschaften werden sorgfältig auf ihre Rezipientenkreise zugeschnitten. Die Kanäle zur Übermittlung der Propaganda des Worts wurden bzw. werden von RAF und „IS" sorgfältig gewählt. Der „IS" sucht stärker als die RAF seine Botschaften nach dem Prinzip des kleinsten gemeinsamen Nenners zu formulieren und einfache Lösungen für komplexe politische und soziale Fragestellungen anzubieten, um möglichst viele Adressaten zu erreichen.

Terroristische Attentate sowohl der RAF als auch des „IS" zeigen eine klare strategische Kommunikation. Das Prinzip, Terrorismus als Kommunikation einzusetzen, ist nur erfolgreich, wenn die Gewalttaten der Akteure möglichst weit bekannt werden. Wegen der Fülle der Ereignisse in einer globalen Medienwelt können Mainstream-Medien nicht über alles berichten, sondern müssen durch Editionsprozesse einzelne Themen selektieren (Agenda Setting). Deshalb wurde die gezielte Vor-Informierung der Presse fester Bestandteil der Kommunikationsstrategie beider Organisationen. Durch Zuspielen von Bekennerschreiben, Audio- oder Videobotschaften konnten sowohl der RAF als „IS" vielfach die ausschnittsweise oder gar vollständige weitere Veröffentlichung ihrer Publikationen in den Mainstream-Medien erreichen. Auch der Symbolwert eines Terroraktes beeinflusst, wie gezeigt, die Wahrscheinlichkeit massenmedialer Berichterstattung. Unter diesem Gesichtspunkt zeigte sich, dass sowohl die RAF als auch der „IS" immer möglichst symbolträchtige Ziele für ihre Anschläge aussuchten. Als Beispiele wäre hier der Anschlag auf das Axel-Springer-Haus zu nennen oder auch der Anschlag auf die Redaktionsräume von Charlie Hebdo in Paris.

Eine weitere wichtige Kategorie erfüllen beide Akteure mit der Nutzung neuster Medien: Videotechnologie/Polaroid- und VHS Technologie im Fall der RAF und Internet und soziale Medien beim „IS". Technische Innovationen werden schnell in die jeweiligen Kommunikationsstrategien integriert. Videoaufnahmen ließen sich von der RAF hervorragend für Propaganda und Rekrutierungszwecke verwenden.

Dass die RAF und auch der „IS" mediale Revolutionen für ihre Zwecke genutzt haben, zeigt, dass Innovationen ein inhärenter Bestandteil der Kommunikationsstrategien von Terroristen sein können. Ein Vergleich der Kommunikationsstrategien, der nur konkrete Kommunikationstechnologien gegenüberstellt, greift daher zu kurz. Um eine belastbare Vergleichsgrundlage zu schaffen, die von historischen, geografischen und kulturellen Kontexten unabhängig ist, müssen die Kommunikationsmuster untersucht werden.

Eine weitere Übereinstimmung in den Kommunikationsstrategien von RAF und „IS" ist tatsächlich die Affinität zu technologischen Innovationen (vgl. Elter, 2008, 169).

Trotz der problematischen Forschungslage lassen sich im Hinblick auf untersuchte symbolische Dimension des Terrorismus zusammenfassend einige Gemeinsamkeiten festhalten.

Terroristische Anschläge der RAF als auch des „IS" richten sich auf symbolträchtige Ziele, um eine politische Botschaft zu vermitteln und den Gegner durch die Verbreitung von Angst und Schrecken psychisch zu destabilisieren. Die Kommunikationsstrategie von beiden Organisationen wendet sich zudem an einen „interessierten Dritten", der durch die Inszenierung des Terroraktes von den Zielen der Terroristen überzeugt werden soll. Dabei konnten sich weder die Mitglieder der RAF als auch die des „IS" auf die Sympathien einer bereits staatsfeindlichen Bevölkerung stützen, sondern mussten diese erst gegen den bekämpften Staat aufwiegeln, weshalb sie eine große Öffentlichkeit benötigen, der sie ihre Anliegen mitteilen können. Ausschlaggebend für die Übermittlung der Botschaften sind die Massenmedien. Wie diese Arbeit zeigt, dienen diese als „Transporteur" der terroristischen Botschaft. Ohne die flächendeckende Berichterstattung der Massenmedien wäre der Effekt eines Terroraktes als Kommunikationsstrategie auf die lokale Zerstörung begrenzt.

Die Kommunikationsstrategien von „IS" und RAF kommt nur zur vollen Entfaltung, wenn die psychologische Wirkung des Terrors durch die Massenmedien verbreitet wird. Die Entwicklung der modernen Massenmedien hat eine bis dato nie dagewesene Qualität und Quantität (vgl. Waldmann, 2005).

Dennoch fanden sich bei der Untersuchung der aufgeführten Akteure auch deutliche Unterschiede in der terroristischen Kommunikationsstrategie. Nicht nur die Ursprünge des „alten" und des „neuen" Terrorismus sind verschieden, auch die Erkenntnisse über die Ursprünge sind als grundlegend verschieden zu interpretieren. Während die Wurzeln des Terrorismus der siebziger Jahre gut aufgearbeitet sind, liegen zum „IS" nur wenige verlässliche Informationen vor, und die Wissenschaft ist hinsichtlich der Bedeutung einzelner Aspekte gespalten.

Sicher schaffen vor allem die technischen Möglichkeiten Unterschiede. Durch Internet und soziale Medien können neue kommunikative Wege eingeschlagen werden. Zwar haben die klassischen Massenmedien (Print, Fernsehen und Radio) weiterhin einen hohen Stellenwert. Doch das Internet bietet die Möglichkeit zu schnellerer und weniger gefilterter Kommunikation. Die Kommunikationsstrategie des „IS" ist dank der neuen Medien schneller und direkter. Auch in der Bandbreite der Möglichkeiten (Videos hochladen, Bilder Bearbeitung, Audiodateien zum Runterladen) zeigt das Internet hervorragende kommunikative Eigenschaften. Die mediale Inszenierung terroristischer Aktionen sind im „alten" Terrorismus in erster Linie im Kontext von Flugzeugentführungen und Kommando-Aktion wie Entführungen (Schleyer-Entführung) bekannt.

Heute stehen wir dagegen vor einer globalen Ausweitung medialer Multiplikatoren des Terrorismus. So kann der 11. September 2001 nicht als Flugzeugentführung, Erpressungsversuch, Gefangenenbefreiungsversuch, räuberischer oder kriegerischer Akt im Sinne des „alten" Terrorismus verstanden werden, sondern zudem als ein Krieg der Bilder (vgl. Kraushaar, 2006).

Darüber hinaus zeigte sich bei der Betrachtung der Kommunikationsstrategien der beiden Akteure in Bezug auf die Adressaten ein deutlicher Unterschied. Während die Taten der RAF auf einen kleinen Teil der Bevölkerung ausgelegt waren[36], ist der Rezipientenkreis des „IS" globaler und dadurch größer. Herausforderungen liegen dabei vor allem im Überwinden von Sprachbarrieren zur Übermittlung von Botschaften. Um einen möglichst großen Sympathisantenkreis aufzubauen, untertitelt oder übersetzt der „IS" daher viele seiner Bekennervideos, Bekennerschreiben oder Verlautbarungen.

Sicherlich ist aber der größte Unterschied der terroristischen Kommunikationsstrategien von RAF und „IS" in der Durchführung und Planung von Anschlägen zu finden. Während die RAF stets darauf bedacht war, dass Anschläge einen höchstmöglichen Symbolcharakter besitzen, sowie möglichst keine „Unschuldigen" zu Schaden kommen, wohnt den Terroranschlägen des „IS" sehr viel Unberechenbarkeit inne. Seine Anschläge treffen völlig willkürlich und zufällig

---

36 Anschläge sollten hauptsächlich die deutsche Bevölkerung erreichen.

seine Opfer und verstärken dadurch Unsicherheit und Angst in der Zivilbevölkerung. Das terroristische Kalkül des „IS" beinhaltet somit viel mehr Unberechenbarkeit, die auch zu mehr Aufmerksamkeit von Seiten der Öffentlichkeit führt. Wolfgang Kraushaar bezeichnet die Zielrichtung des neuen Terrorismus mit dem Begriff „Ubiquität der Opferziele" (Kraushaar, 2006, 52). Der alte Terrorismus habe die spezifische Auswahl der Opfer gekannt. „Unschuldige" durften nicht getroffen werden. Ziele waren Militär, Polizei, Justiz, Repräsentanten des Staates, Wirtschaft und Finanzen. Beim neuen Terrorismus fielen die Opferziele wahllos aus, so Wolfgang Kraushaar, weil kaum einer der genannten Adressaten wie „die Juden", „die Israelis", „die Amerikaner", „der Westen" oder „die Feinde des Islams" gezielt getroffen werden könne (ebd., 57).

Auch in der taktischen Ausführung der Taten bestehen deutliche Unterschiede. So ist eine zentrale Figur des „IS"-Terrors der Selbstmordattentäter[37] (vgl. Kraushaar, 2006, 78). Die Absicht des „alten" Terroristen war es dagegen, sich möglichst geringen Risiken auszusetzen und sich dem Zugriff von Polizei und Justiz zu entziehen. Entsprechend stoßen heute die „alten" staatlichen Sanktionsdrohungen bis hin zur Todesstrafe ins Leere. Die kommunikative Wirkung von Suiziden kann dagegen als durchaus durchsetzungsfähig beschrieben werden.

Es existiert somit eine hohe Übereinstimmung in der Nutzung von Terrorismus als Kommunikationsstrategie zwischen RAF und „IS". Grundlegende Eigenschaften terroristischer Kommunikationsstrategien, welche sich bei beiden Organisationen finden, haben aufgezeigt, dass trotz der unterschiedlichen Rahmenbedingungen beide Akteure Terrorismus zur Kommunikation eingesetzt haben. Die in Kapitel 4 erarbeiteten Kategorien: Provokation, Verbreitung von Angst und Schrecken, Rekrutierung und die strategische Mediennutzung lassen sich sowohl beim „IS" also auch bei der RAF nachweisen. Es kann somit abschließend durchaus von einer hohen Übereinstimmung in

37 Unter Selbstmordattentaten sind Anschläge zu verstehen, bei denen sich der Attentäter auf eine Weise tötet, dass möglichst andere Personen mit in den Tod gerissen werden. Darunter fallen nicht nur Selbst-Sprengungen mit Autobomben oder Bombengürteln, sondern auch Kamikaze-Aktionen, die nur dann ihre Wirkung entfalten, wenn die Angreifer ihren sicheren Tod bewusst in Kauf nehmen.

puncto terroristischer Kommunikationsstrategie gesprochen werden. Die Beispiele in den Kapiteln 6 und 7 zeigen, dass unabhängig von der Ideologie beide Akteure versucht haben, durch gezielte Gewalt bestimmte Rezipienten zu erreichen.

9 Schlussbetrachtung

Die vorliegende Arbeit hat deutliche Parallelen zwischen den Kommunikationsstrategien der RAF und des „IS" nachgewiesen. Doch dem „IS" sind mit der gewandelten Informations- und Medientechnologie des 21. Jahrhunderts Kommunikationsmittel verfügbar, die sich gravierend von denen der RAF unterscheiden. So kann der „IS" seine avisierten Ziele wesentlich effektiver und effizienter umsetzen. Jedoch darf nicht außer Acht bleiben, dass die RAF die in ihrem historischen Kontext verfügbaren Kommunikationsmittel ebenso ambitioniert und mit ähnlichen kommunikationsstrategischen Zielen eingesetzt hat. Beiden Organisationen ist daher eine überdurchschnittlich hohe Medienaffinität gemein, die ihnen eine überproportionale mediale Prominenz verschafft hat. Diese hat dazu geführt, dass die Namen beider Gruppierungen zu Markensynonymen für den Terrorismus ihrer Zeit geworden sind.

Die Kommunikationsstrategien des Terrorismus basieren heute mehr denn je, ähnlich der modernen Kriegsführung, auf dem Überraschungsmoment gepaart mit dem Erregen maximaler Aufmerksamkeit – um möglichst große Teile der Zivilbevölkerung in Angst und Schrecken zu versetzen. Zugleich hat die Terrorismusberichterstattung seit dem 11. September 2001 eine völlig neue Qualität erhalten, die sich im unverhältnismäßig hohen Aufkommen von Breaking-News-Elementen, den teilweise übertrieben wirkenden TV-Inszenierungen und der ressortähnlichen Etablierung eines Krisenjournalismus mit eigener redaktioneller Infrastruktur widerspiegelt. Dementsprechend sind ernsthafte Vorkehrungen für Terrorereignisse jedweder Art in vielen Nachrichtenredaktionen erst seit der spektakulären Live-Übertragung des einstürzenden World Trade Centers zu beobachten. Denn solange es Terroristen gibt, werden sie versuchen, Fernsehen und Radio, aber auch Zeitungen und das Internet als Stellschrauben und Resonanzkörper für ihre Botschaften zu missbrauchen. Die globalisierte Medienlandschaft hat somit eine Entwicklung beschleunigt, welche sich treffend mit Georg Francks 1998 entworfenem Grundriss als „Ökonomie der Aufmerksamkeit" beschreiben lässt.

Es ist notwendig zu wiederholen: Terrorismus ist eine Form der gewaltsamen Aggression, in der das unmittelbare Ergebnis der Gewaltanwendung (Tod eines bestimmten Menschen, Zerstörung eines Gebäudes usw.) nicht das erste Ziel ist, sondern nur die Stufe auf dem Weg zur Besetzung des Denkens, nur der Hebel, mit dem das „normale" Verhalten der Angegriffenen aus seinen festen Verankerungen gehoben werden soll (vgl. Funke, 1977, 153).

Der Terrorismus verwendet das „Prinzip Angst" als ein Hauptelement. Das Ziel der Täter ist die Produktion und Verbreitung von Furcht und Schrecken, einer tiefgreifenden und weitreichenden Gefühlslage, die sich weit über den eigentlichen Tatort und die Zahl der Opfer und ihrer Angehörigen hinaus auf ein größeres Publikum auswirken soll. Dabei ist es unerheblich, ob es sich um eine politisch oder religiös organisierte und motivierte Gruppe handelt. Anders als der gewöhnliche Mörder oder Verbrecher will der Terrorist nicht nur sein unmittelbares, in das Tatgeschehen einbezogenes Opfer schädigen oder zu etwas zwingen, sondern wendet sich an ein größeres Publikum: an die eigene Klientel, also an potentielle Unterstützer und Sympathisanten und an die als Feind betrachteten „Anderen", egal, ob das eine Klasse, Religionsgruppe, Volk, Ethnie oder Herrschaftsclique ist. In den Bekennerschreiben, Grundsatzerklärungen oder Memoiren von Terroristen aller Schattierungen finden sich deshalb immer wieder Begriffe wie „Fanal", „Message" oder „Lektion erteilen", mit denen Anschläge als Kommunikation verstanden sein wollen. Während frühere Generationen noch Flugblätter druckten oder Pamphlete verteilten, bedient sich der moderne Terrorismus vornehmlich der Massenmedien zur Verbreitung nicht nur der ideologischen Message, sondern auch des Faktors Angst, mit dem er operiert.

Diese Arbeit beschäftigte sich mit der Frage ob und in welchem Maße Terrorismus als Kommunikationsstrategie nach Waldmann verstanden werden muss. Dabei wurde unabhängig von zeitlichen, räumlichen und ideologischen Faktoren Terrorismus als Kommunikationsstrategie untersucht. Der in dieser Arbeit aufgeführte Vergleich der Terrororganisationen RAF und „IS" zeigte dabei, dass unabhängig von ideologischen Unterschieden und jeweils spezifischen historischen Bedingungen terroristische Gewalttaten zur Kommunikation nach außen und innen eingesetzt wurden. Dabei wurde deutlich, dass sowohl die gleichen Rezipienten (Staat, Bevölkerung, Sympathisanten, Medien) als auch hohe Übereinstimmungen in den zu vermittelnden Botschaften zu finden ist. Massenmedien sind dabei tragende und unverzichtbare Akteure für die Übermittlung der Botschaften. Der eingangs aufgeführten Definition von Waldmann, Terrorismus solle *primär* als Kommunikationsstrategie verstanden werden, kann hinzugefügt werden, dass wegen der Entwicklungen der Medienlandschaft der Terrorismus seit den Terroranschlägen des 11. Septembers 2001 in den USA vollständig als Kommunikationsstrategie begriffen werden sollte. Voraussetzung für diese Aussage ist eine hohe Übereinstimmung der in dieser Arbeit aufgeführten Kategorien.

Die in dieser Arbeit aufgestellten Kategorien (Kapitel 4) sollten aufzeigen, dass eine terroristische Kommunikationsstrategie vorliegt, sofern diese Kategorien erfüllt sind. Sie können somit als feste Bestandteile terroristischer Kommunikationsstrategien verstanden werden und können bei beliebigen terroristischen Organisationen angewendet werden. Erfüllt eine terroristische Organisation somit diese Kriterien, können die Gewalttaten als Kommunikationsstrategie verstanden werden. Ideologische und historische Bedingungen spielen dabei, wie in dieser Arbeit aufgezeigt, eine nur untergeordnete Rolle. Die Forschungsfrage ist somit wie folgt zu beantworten. Beide untersuchten Akteure zeigen eine hohe Übereinstimmung in den Punkten: Verbreitung von Angst und Schrecken, Provokation, Rekrutierung und strategischen Vorgehen. Die terroristischen Taten dieser Akteure müssen daher unter dem Gesichtspunkt der terroristischen Kommunikationsstrategie betrachtet werden.

Der aufgezeigte Vergleich der Terrororganisationen RAF und „IS“ als auch die Symbiose zwischen Terrorismus von Massenmedien lassen daher den Schluss zu, dass terroristische Anschläge jeglicher Art der Vermittlung von Botschaften dienen. Dabei ist die Ideologie lediglich als Träger für Rechtfertigungen, Rekrutierung und für die Sinnaufladung der Gewalttaten zu verstehen. Terrorismus bedient sich einer Taktik des Unvorhersehbaren, was den Schockeffekt und die Aufmerksamkeit der Gesellschaft als auch der Medien auf sich zieht. Mit dem Einsetzen jeweils der modernsten Kommunikationstechnologien haben beide Akteure bei ihrer Propaganda der Tat innovative Wege bestritten. Dabei agieren sie als lernende Terrornetzwerke, welche die Medien- und Rezipientenwirkung ihrer Gewaltakte und Publikationen genau beobachten, Bilanz aus Erfolgen und Misserfolgen ziehen und ihr künftiges Vorgehen anpassen. Ihren Gegnern sind sie kommunikationsstrategisch daher häufig einen Schritt voraus (vgl. Waldmann, 2005, 156). Ein möglicher Erklärungsansatz für die hohe Aufmerksamkeit, welche sowohl die RAF als auch der „IS" in den Medien, Öffentlichkeit und Politik entgegengebracht wurde bzw. wird, könnte daher auf eine erfolgreiche strategische Kommunikation durch terroristische Gewalttaten zurückgeführt werden.

Dies bedeutet im Umkehrschluss, dass Anti-Terror-Maßnahmen nur erfolgreich sein können, wenn sie nicht einseitig auf die militärischen Aspekte von Terrorismus fokussiert bleiben, sondern auch aktiv in das Geschehen auf dem medialen und kommunikativen Schlachtfeld eingreifen. Ausgehend von dieser Situation scheint es dringend notwendig dem Thema „Terrorismus als Kommunikationsstrategie" mehr wissenschaftliche Aufmerksamkeit zu widmen. Denn sicherlich werden auch in Zukunft terroristische Organisationen versuchen, durch Anschläge das öffentliche Interesse zu bestimmen. Diese Arbeit sollte daher dazu beitragen, Terrorismus nicht lediglich als Gewaltausübung zu deuten, sondern vielmehr als eine Art der Kommunikation auf Grundlage von Gewalt.

Quellen

Arslan, Erol (2012): Definitionen und die verschiedenen Formen des Terrorismus: Probleme bei der Definition des Terrorismusbegriffs. Universität Wien Fakultät für Sozialwissenschaften, Wien.

Backes, Uwe (2002): Auf der Suche nach einer international konsensfähigen Terrorismusdefinition. In: Jahrbuch öffentlicher Sicherheit 2002. Verlag für Polizeiwissenschaft; Auflage: 1, Berlin.

Barth, Peter (2011): Terrorismus im Zeitalter der Globalisierung. URL: http://www.friedenskooperative.de/ff/ff11/6-61.htm (letzter Zugriff: 22.06.2016)

Barrett, Richard (2015): The Islamic State. New York, URL: http://soufangroup.com/wp-content/uploads/2014/10/TSG-The-Islamic-State-Nov14.pdf (letzter Zugriff: 22.07.2016)

Bakonyi, Jutta (Hrsg.) (2001): Terrorismus und Krieg. Bedeutung und Konsequenzen des 11. September 2001. Universität Hamburg, Hamburg.

Bechmann, Jutta (2012): Terrorismus: Definitionskontroverse, historische Reflexion und politische Auswirkungen, Bonn.

Beermann, Torsten (2004): Der Begriff Terrorismus in deutschen Printmedien. LIT; Auflage: 1, Münster.

Berger, Lars; Weber, Florian (2008): Terrorismus. Bundeszentrale für politische Bildung, Erfurt.

Bernhardt, Petra (2014): Ikonografie des Schreckens: Das Bildprogramm des „Islamischen Staates". URL: https://petrabernhardt.net/2014/08/22/asthetik-des-schreckens-das-bildprogramm-des-islamischen-staates/ (letzter Zugriff: 22.06.2016)

Bericht des Bundesrates (2010): Das humanitäre Völkerrecht und die heutigen bewaffneten Konflikte. URL: www.news.admin.ch/NSBSubscriber/message/attachments/20538.pdf (letzter Zugriff: 27.06.2016)

Beyer, Günter (2008): Terrorismus als Kommunikationsstrategie. URL: http://www.deutschlandfunk.de/terrorismus-als-kommu nikationsstrategie.700.de.html?dram:article_id=83551. (letzter Zugriff: 22.06.2016)

Bittermann, Klaus (1987): Die Alte Strassenverkehrsordnung: Dokumente der RAF. Edition Tiamat, University of California.

Bonner, Stefan; Schott, Hans-Joachim (Hrsg.) (2012): Die Gewalt der Zeichen. Terrorismus als symbolisches Phänomen. University of Bamberg Press, Bamberg.

Bosco, Franvesca (2016): Die mediale Inszenierung von Amok und Terrorismus: Zur medienpsychologischen Wirkung des Journalismus bei exzessiver Gewalt. Herausgegeben von Frank J. Robertz,Robert Kahr, Springer Verlag, Berlin.

Bötticher, Astrid (2012): Extremismus: Theorien - Konzepte – Formen. Oldenburg Verlag, München.

Bussemer, Thymian (2008): Propaganda- Konzepte und Theorien. 2. Auflage, Verlag für Sozialwissenschaften, Wiesbaden.

Carr, Caleb (2003): Terrorismus- Die sinnlose Gewalt. Historische Wurzeln und die Folgen, Heyne Verlag, Münster.

Cassese, A. (2006). The Multifaceted Criminal Notion of Terrorism in International Law. Journal of International Criminal Justice, Oxford University Press, Oxford, S. 933–958.

Chalk, Frank; Kurt Joanssohn (1990): The History and Sociolgy of Genocide, New Haven, London, S. 3–50.

Crenshaw, Martha (1983): Terrorism, Legitimacy, and Power, Wesleyan University Press, Middletown.

Daase, Christopher (2001): Terrorismus–Begriffe, Theorien und Gegenstrategien. Ergebnisse und Probleme sozialwissenschaftlicher Forschung, Brüssel.

Delabar, Walter (2008): Terroristen als Medienprofis. Andreas Elters Studie über die RAF und die Medien. URL: http://literaturkritik.de/public/rezension.php?rez_id=12358 (letzter Zugriff: 12.07.2016)

Dersch, Frank (2007): Die Propaganda des Terrors: Eine Analyse der Kommunikationsstrategie der ersten RAF Generation. Grin Verlag, Konstanz

Edelmann, Florian (2008): Die Schimäre der Weltrevolution: Rote Armee Faktion, Vereinigte Rote Armee und Japanische Rote Armee – Bewaffneter Kampf in Japan und im internationalen Kontext. In: Alexander Straßner (Hrsg.): Sozialrevolutionärer Terrorismus. Wiesbaden, S. 305–327.

Elter, Andreas (2008): Propaganda der Tat- Die RAF und die Medien. Surkamp Verlag, Frankfurt am Main.

Elter, Andreas (2006): Die RAF und die Medien. Ein Fallbeispiel für terroristische Kommunikation. In: Die RAF und der linke Terrorismus. Band 2. Hg. von Wolfgang Kraushaar. Hamburg: Hamburger Edition, S. 1060–1074.

Elter, Andreas (2007): Die RAF und die Medien. Ein Fallbeispiel für terroristische Kommunikation. URL: http://www.bpb.de/geschichte/deutsche-geschichte/geschichte-der-raf/49235/raf-und-die-medien?p=all (letzter Zugriff: 12.07.2016)

Franck, Georg (2013): Ökonomie der Aufmerksamkeit. Carl Hanser Verlag, München.

Fetscher, Irving; Rohrmoser, Günter (1981): Analysen zum Terrorismus, Ideologien und Strategien. Opladen.

Farrell, William R. (1990): Blood and Rage. The Story of the Japanese Red Army. Kanada.

Frindte, Wolfgang; Haußecker, Nicole (Hrsg.) (2010): Inszenierter Terrorismus- mediale Konstruktionen und individuelle Interpretationen. VS Verlag für Sozialwissenschaften, Aúflage;1, Wiesbaden.

Fuchs, Peter (2004): Das System Terror: Versuch über eine kommunikative Eskalation der Moderne. Bielefeld.

Geiss, Imanuel (2002): Geschichte griffbereit, Wissen Media Verlag GmbH, Auflage; 3, München.

Gerlach, Christian (2010): Extrem gewalttätige Gesellschaften: Massengewalt im 20. Jahrhundert. Deutsche Verlags-Anstalt, München.

Gusy, Christoph (2007): Der Rechtsstaat und die RAF. Online verfügbar unter: http://www.bpb.de/geschichte/deutsche-geschichte/geschichte-derraf/49250/raf-und-rechtsstaat?p=all. (letzter Zugriff 26.04.2016)

Glaab, Sonja (Hrsg.) (2007): Medien und terrorismus- Auf den Spuren einer symbiotischen Beziehung. Berliner Wissenschafts-Verlag, Band; 3, Berlin.

Habermas, Jürgen (1995): Theorie des kommunikativen Handelns. Band 1: Handlungsrationalität und gesellschaftliche Rationalisierung. Suhrkamp Verlag, Frankfurt am Main.

Henschen, Jan (2013): Die RAF-Erzählung: Eine mediale Historiographie des Terrorismus. Transcript Verlag, Bielefeld.

Hess, Henner (1988): Terrorismus und Terrorismus-Diskurs. In: Angriff auf das Herz des Staates. Soziale Entwicklung und Terrorismus. Band 1. Hg. von Henner Hess. Suhrkamp Verlag, Frankfurt am Main, S. 55–74.

Hobe, Konrad (1977): Zur Ideologischen Begründung des Terrorismus. Ein Beitrag zur Auseinandersetzung mit der Gesellschaftskritik und der Revolutionstheorie des Terrorismus. Bundesanzeiger Köln, Bonn.

Hoffman, Bruce (2002): Terrorismus, der unerklärte Krieg. Fischer Verlag, Frankfurt am Main.

Hirschmann, Kai; Rolf Tophoven (2009): Das Jahrzehnt des Terrorismus. Security Explorer, Essen.

Imbusch, P. (2003). Moderne und Gewalt. Zivilisationstheoretische Perspektiven auf die Gewalt des 20. Jahrhunderts. Leske + Budrich, Opladen.

ID-Verlag (Hrsg.) (1977): Rote Armee Fraktion- Texte und Materialien zur Geschichte der RAF. ID-Verlag, Berlin, S. 270–281.

Jenkins, Brian Michael (1975): International Terrorism: A new kind of warfare. The Rand Paper Series, Santa Monica.

Jones, Seth. G (2008): Defeating Terrorist Groups. Pittsburgh. Online verfügbar unter: http://www.rand.org/content/dam/rand/pubs/testimonies/2008/RAND_CT314.pdf (letzter Zugriff 14.04.2016)

Jirschitzka, Jens; Haußecker, Nicole; Frindte, Wolfgang (2010): Inszenierter Terrorismus. Mediale Konstruktionen und individuelle Interpretationen. VS Verlag für Sozialwissenschaften, Wiesbaden.

Kaschner, Holger (2008): Neues Risiko Terrorismus. Entgrenzung, Umgangsmöglichkeiten, Alternativen, Springer VS, Berlin.

Kepplinger, Hans Martin; Bastian, Rouwen (2000): Der prognostische Gehalt der Nachrichtenwerttheorie. In: Publizistik, Heft 4, Dezember 2000, 45. Jhrg., S. 462 - 475

Kraushaar, Wolfgang (2007): Das Interesse an der RAF heute. URL: http://www.bpb.de/geschichte/deutsche-geschichte/geschichte-der-raf/49194/einleitung (letzter Zugriff 12.05.2016)

Kreis, Karl Markus (1977):Internationaler Terrorismus; in Manfred Funke (Hg.) Terrorismus- Untersuchungen zur Strategie und Struktur revolutionärer Gewaltpolitik, Verlag: Sonderauflage der Landeszentrale für politische Bildung des Landes Nordrhein Westfalen, Lübeck.

Langguth, Gerd (1983): Protestbewegung. Entwicklung, Niedergang, Renaissance. Die Neue Linke seit 1968, Verlag Wissenschaft und Politik, Köln.

Laqueur, Walter (1987): Terrorismus. Die globale Herausforderung. Ullstein Verlag, Frankfurt am Main.

Linder, Bernadette (2011): Terror in der Medienberichterstattung. VS Verlag für Sozialwissenschaften, 1. Auflage, Wiesbaden.

Mavany, Markus (2007): Terrorismus als Verbrechen gegen die Menschlichkeit – Analyse und Konsequenzen der Zuordnung zum Völkerstrafrecht. Zeitschrift für Internationale Strafrechtsdogmatik. URL: http://www.zis-online.com/dat/artikel/2007_8_155.pdf (letzter Zugriff 12.05.2016)

Maya, Georgia (2013): Die Gewalt der RAF: Motive für die Gewaltentstehung und –Entwicklung- eine Analyse. Eh-Verlag, Bremen.

McKnight, Gerald (1974): The Mind of the Terrorist. University of Southern California, London.

Merten, Klaus (1977): Kommunikation. Eine Begriffs- und Prozeßanalyse. Westdeutscher Verlag, Opladen.

Meyer, Thomas (2001): Mediokratie. Die Kolonisierung der Politik durch das Mediensystem. Suhrkamp Verlag, Frankfurt am Main.

Mills, Charles Wright (1959): The Sociological Imagination. Oxford University Press, New York.

Münkler, Herfried (2004): Die neuen Kriege. Rowohlt Verlag, Reinbeck bei Hamburg.

Münkler, Herfried (2006): Der Wandel des Krieges. Von der Symmetrie zur Asymmetrie. Velbrück Verlag. Weilerswirst, S. 204.

Münch-Heubner, Peter L. (2012): Der islamische Staat. Grundzüge einer Staatsidee. Hanns-Seidel-Stiftung e. V., Hausdruckerei, München.

Österreichisches Studienzentrum für Frieden und Konfliktlösung (Hg.)/Projektleitung (2005): Ronald H. Tuschl. Der Krieg der Armen? Der internationale Terrorismus in der neuen Weltordnung. Friedensbericht 2005. Ergebnisse der State-of-Peace-Konferenz 2005. Agenda-Verl; Münster.

Peters, Severin (2015): Die Botschaft der Terroristen. Zeit. URL: http://www.zeit.de/politik/ausland/2015-01/terror-charlie-hebdo-kommunikation (letzter Zugriff 12.05.2016)

Pflieger, Klaus (2012): Die Rote Armee Fraktion - RAF -: 14.5.1970 bis 20.4.1998. Nomos Verlag, Baden-Baden.

Rahmenbeschluss 2008/919/JI DES RATES vom 28. November 2008 zur Änderung des Rahmenbeschlusses 2002/475/JI zur Terrorismusbekämpfung URL: http://www.bmi.bund.de/SharedDocs/Downloads/DE/Themen/Sicherheit/Terrorismus/rahmenbeschluss_rat2.pdf?__blob=publicationFile (letzter Zugriff 22.05.2016)

Reuter, Christoph (2015): Schwarze Macht: Der „Islamische Staat und die Strategen des Terrors. Deutsche Verlags-Anstalt, München.

Richardson, Louise (2006): What Terrorists Want. Understanding the Enemy, Containing the Threat. New York, Random. Deutsche Ausgabe (2007): Was Terroristen wollen. Campus Verlag, Frankfurt a. M.

Rohde, David (2002): Al Qaeda's Grocery Lists and Manuals of Killing. In: New York Times, 17. März 2002

Rogan, Hanna (2006): Jihadism Online– A study of how al-Qaida and radical Islamist groups use the Internet for terrorist purposes. FFI/RAPORT-2006/00915. Unter: http://rapporter.ffi.no/rapporter/2006/00915.pdf, S. 9. (letzter Zugriff 12.06.2016)

Römisches Statut des Internationalen Strafgerichtshofs (1998): Amtliche Übersetzung Angenommen am 17. Juli 1998 auf der Diplomatischen Bevollmächtigtenkonferenz der Vereinten Nationen zur Errichtung eines Internationalen Strafgerichtshofs. URL: http://www.un.org/depts/german/internatrecht/roemstat1.html (letzter Zugriff 19.08.2016)

Seeling, Stefan (1996): Organisierte Interessen und öffentliche Kommunikation. Westdeutscher Verlag, Opladen.

Schneckener, Ulrich (2006): Transnationaler Terrorismus. Suhrkamp Verlag, Berlin.

Schirra, Bruno (2015): ISIS- Der globale Dschihad. Ullstein Buchverlage GmbH, Berlin.

Schröder, Dieter (1986): Terrorismus – Gewalt mit politischem Motiv. Paul List Verlag GmbH, München.

Steinberg, Guido (2015): Transnationaler Terrorismus. Online Verfügbar unter: http://www.bpb.de/izpb/209663/transnationaler-terrorismus?p=all (letzter Zugriff 12.04.2016)

Steinberg, Guido (2012): Jihadismus und Internet: Eine deutsche Perspektive. Stiftung Wissenschaft und Politik, Deutsches Institut für Internationale Politik und Sicherheit. Stiftung Wissenschaft und Politik, Berlin.

Straßner, Alexander (2008): Sozialrevolutionärer Terrorismus: Typologien und Erklärungsansätze, in: Straßner, Alexander (Hrsg.): Sozialrevolutionärer Terrorismus– Theorien, Ideologie, Fallbeispiele, Zukunftsszenarien, VS Verlag für Sozialwissenschaften, Wiesbaden, S. 9–33

Sösemann, Bernd (1999): Die 68er Bewegung und die Massenmedien. In: Wilke, Jürgen (Hg.): Mediengeschichte der Bundesrepublik Deutschland. Bonn, S. 672–697.

Taber, Robert (1969): The War of the Flea, Potomoc Books, London, S. 90–91

Thamm, Berndt Georg (2002): Erscheinungsformen, Wurzeln und aktuelle Entwicklungslinien im Terrorismus. URL: http://www.bpb.de/veranstaltungen/dokumentation/130097/erscheinungsformen-wurzeln-und-aktuelle-entwicklungslinien-im-terrorismus?p=all (letzter Zugriff 12.04.2016)

Tomuschat, Ch. (2004). Comments on the Presentation by Christian Walter. In C. Walter, S. Vöneky, V. Röben & F. Schorkopf (Hrsg.), Terrorism as a Challenge for National and International Law: Security versus Liberty? Springer Verlag, Berlin, S. 45–48.

Townshend, Charles (2005): Terrorismus. Eine kurze Einführung, Reclam Verlag, Stuttgart.

Tuschl, Ronald H. (2005): Der Krieg der Armen?: Der internationale Terrorismus in der neuen Weltordnung ; Ergebnisse der State-of-Peace-Konferenz 2005. Agenda-Verlag

Umlauf, Joachim (Hg.) (2008): Der „Deutsche Herbst" und die RAF in Politik, Medien und Kunst. Transcript Verlag, Biedefeld.

Waldmann, Peter (1998): Terrorismus, Provokation der Macht, Gerling Akademie Verlag, München.

Waldmann, Peter (2002): Das terroristische Kalkül und seine Erfolgsaussichten. Velbrück Wissenschaft, München.

Waldmann, Peter (2003). Terrorismus und Bürgerkrieg. Der Staat in Bedrängnis. Gerling Akademie Verlag, München.

Weimann, Gabriel (2006): Terror on the Internet. The New Arena, the New Challenges. Washington.

Wichmann, Peter (2013): Al-Qaida und der globale Djihad: Eine vergleichende Betrachtung des transnationalen Terrorismus. Springer VS, Bonn.

Wildenauer, F., (2006): Staatenbildung, Souveränität, Staatszerfall. Schwache Staaten in den aktuellen internationalen Beziehungen im Licht des Staatenbildungszerfalls, Zürcher Dissertation.

Wördemann, Franz (1977): Terrorismus. Motive, Täter, Strategien. Piper Verlag GmbH, München/Zürich.

Verfassungsschutzbericht (2013), hrsg. vom Bundesministerium des Inneren, Berlin. URL: https://www.verfassungsschutz.de/embed/vsbericht-2013.pdf (letzter Zugriff 12.04.2016)

Zöller, Mark A.(2014): Strafrechtliche Verfolgung von Terrorismus und politischem Extremismus unter dem Einfluss des Rechts der Europäischen Union. Zeitschrift für Internationale Strafrechtsdogmatik, URL: http://www.zis-online.com/dat/artikel/2014_9_846.pdf (letzter Zugriff 12.04.2016)

Zeitfracht Medien GmbH
Ferdinand-Jühlke-Straße 7
99095 Erfurt, Deutschland
produktsicherheit@kolibri360.de